dialogverlag

Johannes Bernard / Peter Schallenberg

Katholische Soziallehre konkret

Politische Handlungsfelder und christliche Werte

dialogverlag

Bibliografische Information Der Deutschen Bibliothek
Die Deutsche Bibliothek verzeichnet diese Publikation in der
Deutschen Nationalbibliografie; detaillierte bibliografische Daten sind im Internet
über http://dnb.ddb.de abrufbar.

ISBN 978-3-937961-93-4

1. Auflage 2008

Gesamtherstellung: **dialog**verlag Münster

INHALT

Vorwort

Der jüdische Philosoph Abraham Joschua Heschel äußerte einmal die Sorge, die Menschheit werde nicht an einem Mangel an Kenntnissen zugrunde gehen; »sie könnte aber an einem Mangel an Wertgefühl umkommen«. In der Geschichte hat sich Herrschaft legitimiert durch den Bezug auf einen übergreifenden, umfassend geglaubten Staatszweck, der über das nur Nützliche hinausweist. Über solche Ziele müssen sich Politik und Gesellschaft verständigen, und sie werden in unterschiedlichen Handlungsfeldern konkret.

Der Wertbegriff ist keineswegs unproblematisch. Der Begriff „Wert" kommt aus dem Bereich der Ökonomie. Wert bezeichnet die Höhe eines Preises, die in einem Marktgeschehen festgesetzt wird. Ein Wert wird gesetzt. Der Wert ist nicht etwas, was von vornherein in einer vorgegebenen Ordnung grundgelegt wäre, sondern hängt mit Setzungen zusammen. Es gibt jedoch Grundwerte, die nicht gesetzt werden, sondern jeder praktischen Überlegung vorgängig sind. Grundwerte sind die ethischen Grundgehalte und Zielnormen für Gesellschaft und Staat. Die wesentlichen dieser Grundwerte sind mit Freiheit, Gerechtigkeit und Solidarität benannt. Die Anzahl und Wertigkeit der Grundwerte bleibt jedoch offen. Weitere fundamentale Werte können etwa Leben und Frieden sein. Auch von einem Grundwert Arbeit wird gesprochen. Nicht zu vergessen sind die Sozialprinzipien der christlichen Sozialethik Gemeinwohl, Subsidiarität, Solidarität, Personalität und auch Nachhaltigkeit.

Wenn man nicht die Frage nach dem hinter den Werten liegenden Menschenbild stellt, bleiben „Werte" sehr vage und allgemein. Den bekannten Grundwerten liegt ein letztlich christliches Menschenbild zugrunde, das aber auch für Nichtchristen nachvollziehbar ist. Ein Christ weiß sich in seinem Handeln immer in Verantwortung. Es ist nicht völlig beliebig, wie sich ein Christ gegenüber Mitmenschen verhält, denn es gibt neben den Mitmenschen eine weitere Instanz, vor der er sich zu rechtfertigen hat. Das verhindert Absolutsetzungen menschlicher Macht und menschlicher Freiheit. Solche Verantwortung fragt nach dem Verhalten anderen gegenüber. Das ist christlich ausgedrückt im Gebot der Nächstenliebe, das sich im Bereich des Politischen als Solidarität mit den Schwachen beweisen muss. Die Identifikation des Jesus von Nazaret mit den Benachteiligten und Schwachen hat eine ungeheure soziale Sprengkraft nach wie vor. Die Vorstellung, dass der, dem man gerade hilft, vielleicht Christus selbst ist, hat in der zweitausendjährigen Geschichte des Christentums großartige soziale Wirkungen gezeigt.

Werte werden erst in der praktischen Politik konkret. Nur in der Anwendung im alltäglichen Handeln zeigt sich, ob die Rückführung auf Grundwerte Bestand hat. Das verlangt das Mitwirken auch anderer gesellschaftlicher Gruppen über die Parteien hinaus. Bildung, Erziehung, Wissenschaft, Wirtschaft, Medien, Kultur, Kirchen und alle gesellschaftlichen Gruppen sind damit angesprochen. Die Gestaltung der Wertordnung in den konkreten Formen des gesellschaftlichen Lebens ist in einem demokratischen System die Aufgabe aller an der Gestaltung dieses Lebens Beteiligten. Wenn sie konkret werden, dann werden Werte nicht bloß hohles Gerede bleiben. Dann sind sie eine tragfähige Grundlage auch in Zeiten, in denen nicht nur Zuwächse verteilt werden können, sondern in denen wir uns auf Rückgänge und Schwund unserer Möglichkeiten einstellen müssen.

An einer an Werten gebundenen Politik müssen sich alle, nicht allein Politiker, orientieren: Dann wächst wieder das Vertrauen in die Politik. Dann finden sich auch Menschen, die bereit sind, die Belastungen des politischen Geschäfts auf sich zu nehmen, auch wenn sie nicht honoriert werden, sondern ehrenamtliches Engagement erfordern. Dieses Buch stellt aktuelle Fragen sozialethischen Reflexionen gegenüber und lässt so die Praxis an der Lehre überprüfen und umgekehrt die Theorie konkret werden.

Thomas Sternberg,
Direktor der Akademie Franz Hitze Haus Münster

Warum dieses Buch?

Soziale Ausgrenzung ist auch in einem wohlhabenden Land wie Deutschland anzutreffen. Eine genaue Analyse der sozialen Wirklichkeit in Deutschland ist notwendig, um Armut zielgenauer entgegenwirken und gesellschaftspolitische Reformmaßnahmen zur Stärkung sozialer Gerechtigkeit und gleicher Chancen für die Menschen ergreifen zu können. Der Armuts- und Reichtumsbericht der Bundesregierung bestätigt die soziale Kluft und eine Verfestigung fehlender Chancen auf Teilhabe: Jeder achte Deutsche ist arm. Gäbe es keine staatlichen Sozialleistungen, würde sogar jeder Vierte in Armut leben. Andererseits steigen der gesamtgesellschaftliche Reichtum und der private Reichtum kontinuierlich an. Sozialwissenschaftler sprechen mittlerweile vom Entstehen einer »Unterschicht«, die kaum noch Chancen auf Bildung und reguläre Erwerbsarbeit besitzt.

Der Sozialstaat alter Prägung gehört spätestens mit der Agenda 2010, als die größte Kürzung von Sozialleistungen in der Geschichte der Bundesrepublik Deutschland einleitet wurde, der Vergangenheit an. Eigenvorsorge und Eigenverantwortung treten zunehmend an die Stelle sozialer Sicherheiten des Staates. In der Debatte um den Umbau des Sozialstaats verschiebt sich der Gedanke immer mehr von der Verteilungsgerechtigkeit hin zur Chancengleichheit. Die Umbrüche des Sozialsystems gehen einher mit einem Wandel der sozialen Marktwirtschaft auf nationaler Ebene und der Sozialstandards in der Europäischen Union. Begründet werden diese oft mit den Herausforderungen der Globalisierung. Und sie stellen die Fragen nach einer gerechten und solidarischen Welt neu – national und weltweit.

Die katholische Soziallehre nimmt den Menschen in den Blick, seine Würde, sein Recht und sein soziales Leben. Sie fragt nach konkreten Situationen des Unrechts, das es zu bekämpfen, und der Gerechtigkeit, die es wiederherzustellen gilt. Was Gerechtigkeit bedeutet, ist in unterschiedlichen gesellschaftlichen Situationen jeweils neu auszulegen. Die katholische Soziallehre stellt den Menschen in den Mittelpunkt, jede und jeder ist als Ebenbild Gottes mit einer gleichen Würde begabt. Deshalb darf niemand ohne Rechte sein, deshalb ist die Würde eines jeden zu achten. Ausgehend vom christlichen Menschenbild sucht die katholische Kirche in ihrer Soziallehre das Gespräch und den Diskurs mit allen gesellschaftlichen Gruppen. Aus diesem Grund hat sie ein umfangreiches »Kompendium der Soziallehre« veröffentlicht, das sich nicht nur an die Gläubigen, sondern an alle Menschen »guten Willens« richtet, die sich für das Gemeinwohl einsetzen. Es soll den Dialog zugunsten der Gerechtigkeit, der Brüderlichkeit, des Friedens und der Entwicklung der menschlichen Person verstärken.

Dieses Anliegen aufgreifend, werden in dem Buch aktuelle soziale und politische Fragen der Zeit beschrieben. Sie handeln von der Verantwortung der Christen für die Gestaltung der Welt, von der Zukunft des Sozialstaats und einer gerechten Wirtschaftsordnung sowie von den weltweiten Herausforderungen, die sich aus der Globalisierung, der Schuldenkrise, dem Klimawandel, der Verknappung der Ressourcen und der nicht zu bremsenden Aufrüstung ergeben. Professor Peter Schallenberg aus Fulda, einer der führenden katholischen Sozialethiker Deutschlands, kommentiert die von mir dargestellten Herausforderungen aus Sicht der katholischen Soziallehre. Seine Erläuterungen und kritischen Stellungnahmen geben grundlegende Perspektiven und Orientierungen, wie christliche Werte und Überzeugungen heute Menschenwürde und Menschenrechte sichern helfen und welche Positionen die katholische Soziallehre in die aktuellen Debatten um die Zukunft des sozialen Rechtsstaats, des gemeinsamen Europas und der Weltgemeinschaft einbringt.

Johannes Bernard

1. Christ und Politik

Wie soll ein Christ politisch handeln? Worin besteht sein spezifischer Dienst für das politische Gemeinwohl? Gibt es eine gemeinsame Grundlage, auf der Christen und Nichtchristen zusammenarbeiten können? Diese Fragen beschäftigen die Kirchen, für die die aktive Teilnahme an der Politik nach katholischem Sprachgebrauch zum »Einsatz der Christen in der Welt« oder nach evangelischer Wortwahl zum »Gottesdienst im Alltag der Welt« gehört. Politisches Handeln von Christen ist ein Dienst an den Menschen. Christen haben den Auftrag, die sittliche Botschaft des Neuen Testaments zu erfüllen. Sie sollen Wahrheit, Gerechtigkeit, Liebe und Freiheit praktizieren, nicht nur privat, sondern auch öffentlich.

Die Welt aus dem Glauben zu gestalten und Verantwortung zu übernehmen, ist vor allem Aufgabe und Berufung der Laien, wie Papst Johannes Paul II. 1988 in seinem Apostolischen Schreiben über die Berufung und Sendung der Laien in Kirche und Welt »Christifidelis Laici« formulierte: »Um die zeitliche Ordnung… christlich zu inspirieren, können die Laien nicht darauf verzichten, sich in die Politik einzuschalten« und der Förderung des Gemeinwohls zu dienen (Nr. 42). Die Kirche ermutigt ihre Gemeindemitglieder, sich gesellschaftlich zu engagieren, und sie nimmt den Dienst von Menschen in politischer Verantwortung in Anspruch. Die Kirche wiederum kann für das Gemeinwesen nur dann ein bedeutsamer Partner sein, sofern Christen in der Politik bewandert sind und ihre Kompetenz auch in die Arbeit der Kirche einbringen.

Die politische Ethik des Christentums wie die Prinzipien der katholischen Soziallehre enthalten Grundsätze und Normen zur Gestaltung einer freiheitlichen und gerechten Ordnung von Staat und Gesellschaft. Dazu gehören insbesondere die Sozialprinzipien der Subsidiarität, der Gerechtigkeit und der Solidarität. Das christliche Menschenbild beinhaltet Maßstäbe und Leitideen für die Würde, Freiheit und Verantwortung des Menschen, ihre Endlichkeit und

Schuldfähigkeit und die Gleichheit aller Menschen vor Gott. Das christliche Menschenbild bildet die Balance von Freiheit und Verantwortung sowie das Fundament der universal gültigen Rechte aller Menschen. Es verpflichtet zur Solidarität mit den Schwachen, zum Streben nach Gerechtigkeit und zum Schutz allen menschlichen Lebens in Verantwortung vor Gott und den Menschen. Diese Prinzipien und Leitideen sind letztlich gestaltungsoffen: Ihre Anwendung erfolgt im Kontext konkreter politischer, wirtschaftlicher, kultureller Umstände und Herausforderungen.

Entsprechend lassen sich aus dem christlichen Menschenbild keine konkreten Handlungsanweisungen für alle politischen Fragen des Alltags in Parteien und Parlamenten ableiten. In dem Diskussionspapier der CDU-Wertekommission »Die Aktualität des christlichen Menschenbildes« von 2001 heißt es: »Das christliche Menschenbild stellt jeden, der politisch handelt, immer wieder vor Entscheidungen, die er nur in seiner persönlichen Verantwortung beantworten kann. Das ist zum Beispiel dann der Fall, wenn wissenschaftliche Einschätzungen widersprüchlich sind und trotzdem Entscheidungen getroffen werden müssen.« So ermöglichen etwa neue Technologien und wissenschaftlicher Fortschritt Chancen und eröffnen die Einsicht, dass Menschen mehr können als sie dürfen. Dies ist in einigen Fällen der Biotechnik und Gentechnik der Fall.

Christliches Handeln in der Politik wird von den demokratischen und christlich orientierten Politikern nicht dahingehend verstanden, biblische oder theologische Normen absolut zu setzen. In den vielen Diskussionen um das »Christliche« in der Politik herrscht weitgehend Konsens: Eine »christliche Politik« in Form eines Dogmas gibt es nicht. Die Bibel wirbt nicht für ein bestimmtes Gesellschaftsmodell. Deshalb gilt: Nicht »christliche Politik« ist möglich, sondern »Politik aus christlicher Verantwortung«. Politiker können daher unterschiedliche Konsequenzen aus ihrem Glauben ziehen. Versuche, mit der Bibel Politik zu machen, wird von einer großen Mehrheit der kirchlich engagierten Politiker mit großer Distanz betrachtet. Die Werte-Kommission der CDU formulierte es so: »Der Christ weiß, dass, wer den Himmel auf Erden will, stets nur die Hölle schafft. Das christliche Menschenbild ist antitotalitär und unfanatisch.«

Auch die Kirchen erwarten von den Christen kein fundamentales Handeln in der Politik, das den demokratischen Grundsätzen zuwiderläuft. Der ehemalige Präses der Evangelischen Kirche in Deutschland, Manfred Kock, antwortete auf die Frage, ob die Christen in der Politik nicht Bürger zweier Welten seien, so: »Gott in beiden Welten fröhlich zu dienen, in denen man Heimat hat und Bürgerrechte genießt, das läuft nicht auf eine Verdopplung der Belastung von Christen in den Politik hinaus, sondern auf eine doppelte Entlastung: Die Welt ist schon gerettet, darum können sich Politikerinnen und Politiker getrost auf die Kunst des Möglichen konzentrieren.«

Der Christ kann nach katholisch-kirchlicher Auffassung im politischen Abwägungs- und Entscheidungsprozess seine Optionen treffen. Allerdings hat die 2003 veröffentlichte »Lehrmäßige Note zu einigen Fragen über den Einsatz und das Verhalten der Katholiken im politischen Leben« der Kongregation für Glaubenslehre im Vatikan nähere Präzisierungen gegeben. Über die jeweils »richtige« Politik zu entscheiden, ist nicht Sache des kirchlichen Lehramts, sondern der »gläubigen Laien« gemäß ihrer »spezifischen Kompetenz«, »geführt vom christlichen Gewissen« und im »Einklang mit den damit übereinstimmenden Werten«, heißt es in dieser Note. Sie richtet sich an die Bischöfe der katholischen Kirche und in besonderer Weise an die katholischen Politiker sowie an alle gläubigen Laien, die zur Teilnahme am öffentlichen und politischen Leben in den demokratischen Gesellschaften berufen sind. Das Dokument wendet sich gegen jede Form von Fundamentalismus und anerkennt den politischen Pluralismus in der Demokratie. Es engt aber die Handlungsfreiheit eines »katholischen Politikers« ein, wenn Entscheidungen über die Menschenwürde und das Recht auf Leben getroffen werden müssen. Wie soll sich der katholische Politiker praktisch verhalten, wenn er mit seiner Auffassung etwa bei der Frage der »Unantastbarkeit des menschlichen Lebens« in eine Minderheitenposition gerät? Er muss nach dem Dokument des Vatikan jedem Gesetz widersprechen, »das ein Angriff auf das menschliche Leben« wäre. Er darf jedoch, sofern sein »persönlicher absoluter Widerstand« klar und eine Änderung der Rechtslage nicht möglich ist, Gesetzesvorschläge unterstützen, »welche die Schadensbegrenzung eines solchen Gesetzes zum Ziel haben«. Das »gut gebildete christliche Gewissen« gestattet es nicht, »mit der eigenen Stimme die Umsetzung eines politischen Programms zu unterstützen, in dem grundlegende Inhalte des Glaubens und der Moral... umgestoßen werden«.

Diese Erklärung will wie die kirchlichen Sozialenzykliken zur Übernahme politischer Verantwortung motivieren und sowohl einer religiösen Re-Ideologisierung des Politischen wie einem Relativismus von Werten vorbeugen. Sie spricht von ethischen Prinzipien, auf denen die Demokratie beruht und die »nicht verhandelbar« sind. Vertreter der Kirchen und christliche Demokraten gebrauchen in diesem Zusammenhang oft folgendes Zitat des Verfassungsrichters Ernst-Wolfgang Böckenförde: »Der freiheitliche Verfassungsstaat lebt von Voraussetzungen, die zu schaffen er selbst nicht in der Lage ist.« Böckenförde gebrauchte diesen Satz, um die Bedeutung von Religion für freiheitliche Politik zu begründen, und ergänzte, dass die Christen diesen Staat in seiner Wirklichkeit nicht als etwas Fremdes, ihrem Glauben Feindliches erkennen sollen, sondern als die Chance der Freiheit, die zu erhalten und zu realisieren ihre Aufgabe ist.

Heute beklagen nicht nur die Kirchenvertreter den fehlenden Einfluss von Religion und Glauben in der Politik. Immer weniger Gläubige scheinen den Weg in eine politische Partei oder in die konkrete Politik zu finden. Auf der anderen Seite erwarten viele Menschen, die den Kirchen nicht nahe stehen, von Christen, dass sie zur Lösung der sozialen Aufgaben und Fragen auf nationaler und internationaler Ebene beitragen können. Doch wie können Christen motiviert werden, gesellschaftliche Verantwortung zu übernehmen? Welche Hilfestellungen kann die Kirche bieten? Wie können in der pluralistischen Gesellschaft Glaubensüberzeugungen so artikuliert werden, dass sie anderen verständlich sind, die diesen Glauben nicht teilen? Welche Erwartungen hat die Kirche an die Politik? Auf was darf eine Gesellschaft bei einem Engagement von Christen in der Politik hoffen?

Kommentar

Der Begriff der Politik ist im Kern ein typisch abendländischer, moderner gesagt: ein europäischer Begriff. Er geht zurück auf das Denken der alten Griechen, die von der »polis«, dem Stadtstaat sprachen, woran entfernt noch heute unser Wort Polizei erinnert. Gemeint war damit im griechischen Denken der gemeinschaftliche Wohnraum verschiedener Menschen, verstanden als durchaus individuelle Personen. Diese unterschiedlichen Personen verstanden sich nicht mehr einfach als Sippe oder Großfamilie, durch Blutsbande mehr oder weniger gezwungen zum Zusammenleben, sondern entwickelten Vorstellungen von freier Übereinkunft des gemeinsamen Lebens, hingeordnet auf das Ziel eines gemeinschaftlichen guten Lebens.

Ein weiterer Gesichtspunkt kommt hinzu: Stand nämlich am Anfang der von Karl Jaspers einmal trefflich als »europäische Achsenzeit« charakterisierten griechischen Epoche (also etwa im 7. Jahrhundert vor Christus) noch der Begriff der Ehre als letztes Ziel eines guten Lebens im Vordergrund, so weicht dieser bis dahin zentrale ethische Begriff allmählich, besonders im sokratischen Denken, dem Wert der Tugend. Jetzt steht das gute Leben schlechthin im Mittelpunkt des Zusammenlebens. Das Ziel des menschlichen Lebens und der »polis« ist das individuelle gute und gelungene Leben, und das jedes Menschen, der mit mir zusammenlebt. Dafür steht der griechische Begriff der »eudaimonia«, des umfassenden Glücks, das nicht mehr zufällig, wie ein Lotterieglück, dem Menschen zufällt, sondern das ganz im Gegenteil durch die Tugend, also durch ethische Tüchtigkeit, erworben und eingeübt werden kann.

Die jüdisch-christliche Überlieferung füllt diesen Begriff vom umfassend geglückten Leben mit der Vorstellung von vollendeter Liebe. Gutheit wird als die unbedingte Liebe Gottes definiert und festgelegt. Diese vollkommene Liebe kommt dem Menschen entgegen in der Person Gottes und befähigt wiederum den Menschen zu solcher vollkommener Liebe. Erst diese Liebe bringt das wahre Glück. Sie ist freilich immer auch – und darin vom bloß gerechten Tauschgeschäft unterschieden – mit Opfer und Verzicht verbunden, ganz im Sinne der sokratischen Erkenntnis am Ende der griechischen Achsenzeit: »Lieber Unrecht leiden als Unrecht tun!«

Die neue vom Christentum in den Mittelpunkt des menschlichen Mühens gestellte »polis«, die neue Stadt, das himmlische Jerusalem, der ideale Gottesstaat also, begnügt sich nicht mehr mit einer bloßen Gestaltung von Interessensgemeinschaften, sondern will Liebe lebbar machen. Anders gesagt: Aus christlicher Sicht ist das letzte Ziel einer jeden gerechten Politik die Gemeinschaft der Liebe von Menschen zueinander – weswegen, beiläufig bemerkt, auch Ehe und Familie Keimzelle des Staates sind! Das Instrument dazu ist eine immer weiter zu verbessernde und immer verbesserungswürdige Gerechtigkeit im Umgang der Personen miteinander, um so schrittweise zu mehr Liebe zu jeder Person zu gelangen. Darin liegt das Ziel und das Recht eines jeden Menschen von Natur und von Schöpfung aus, weswegen hier geradezu von einem Menschenrecht auf unbedingte Liebe gesprochen werden kann. Um dieses Recht darf kein Mensch zu irdischen Lebzeiten betrogen werden – das ist die eigentliche Aufgabe und das letzte Ziel der Politik und des Staates.

Das »Kompendium der Soziallehre der Kirche« (Freiburg/Br. 2006) unterstreicht in dieser Sicht in der Nr. 40: »Der Einsatz für Gerechtigkeit und Solidarität und für die Schaffung eines sozialen, wirtschaftlichen und politischen Lebens, das dem Plan Gottes entspricht, ist letztlich im Inneren des Menschen verankert.« In dieser Sicht muss jeder Mensch – und erst recht jeder Christ! – politisch sein. Die Griechen nannten daher auch sehr hellsichtig den unpolitischen Menschen, der sich in verblendeter Kurzsichtigkeit nur um das Eigene statt um das Gemeinwohl kümmert, einen »idiotes«, also in unserer heutigen Sprache: einen Dummkopf – dumm, weil kein Mensch eine Insel ist. Welche Mittel freilich auf dem Weg zu einer gerechten, solidarischen und auf die Liebe Gottes zugehenden Gesellschaft zu wählen sind, das ist mit Recht umstritten und in einer Demokratie wohlfeil zu diskutieren. Denn Demokratie ist ja, nach einem berühmten Wort von Ernst Jünger, der Zustand, in der jeder jedem eine Frage stellen darf! Jeder Christ ist dabei parteipolitisch frei – sofern eine Partei nur die Person und ihre Grundrechte, insbesondere das unbedingte Lebensrecht, achtet und zur Basis aller weiteren Anstrengungen macht.

Die klassischen Eckpunkte der katholischen Soziallehre sind Personalität, Solidarität, Subsidiarität und Gemeinwohl. An diesen Grundwerten muss sich jede Partei und jede Politik messen lassen, denn das Ziel ist aus christlicher Sicht immer die gleiche und umfassende Würde eines jeden Menschen, geboren oder ungeboren, leistungsfähig oder pflegebedürftig. Diesem Ziel, also der umfassenden Entfaltung jeder Person und ihres Lebens, hat die Politik zu dienen.

2. Politik und Menschenrechte

»Schlagen Sie Ihre Zeitung an irgendeinem beliebigen Tag auf«, schrieb 1961 Peter Benenson, der Gründer der Menschenrechtsorganisation amnesty international, »und Sie werden eine Meldung aus irgendeinem Teil der Welt lesen: Ein Mensch ist eingekerkert, gefoltert, hingerichtet worden, weil seine Ansichten oder religiösen Überzeugungen nicht mit denen der Regierung übereinstimmen. Mehrere Millionen solcher Menschen sitzen in Gefängnissen... und ihre Zahl wächst.« Damals wie heute werden die grundlegenden Rechte des Menschen verletzt. Den Berichten von Menschenrechtsorganisationen zufolge ist Folter eine weit verbreitete Praxis. In mehr als der Hälfte der Staaten findet Folter statt. In mehr als einem Drittel der Staaten wird sie systematisch und regelmäßig eingesetzt. Die überwiegende Zahl der Menschenrechtsverletzungen ereignet sich in den Schwellenländern und in den Entwicklungsländern. Aber selbst der demokratische Rechtsstaat westlicher Industrienationen bietet keinen absoluten Schutz vor Übergriffen.

Immer mehr demokratische Regierungen betreiben nach Ansicht von amnesty international nach den Anschlägen vom 11. September 2001 eine Politik mit der Angst vor islamistischen Terroristen zum Schaden der Menschenrechte. So beobachtet die Organisation eine kontinuierliche Abwertung der Menschenrechtspolitik in Europa und Nordamerika. Schuld daran sei eine »Politik der Angst«, die Furcht vor Terrorismus und unkontrollierter Zuwanderung schüre, Misstrauen vertiefe und rechtsstaatliche Grundsätze aushöhle. So ist das von den USA betriebene Gefangenenlager Guantánamo Bay auf Kuba zum Synonym für die Rechtlosigkeit von unter Terrorismusverdacht stehenden Gefangenen geworden. Als so genannte »illegale feindliche Kämpfer« sollen für sie weder die Genfer Konvention noch die internationalen Menschenrechtsverträge gelten. Viele Kritiker dieser Art der Inhaftierung aus Sicherheitserwägungen sehen darin ein Aushöhlen des Rechtstaates und einen Angriff auf die Menschenwürde. Selbst die subtilste Form der Folter, die keinerlei Spuren am Körper des Opfers hinterlässt, zerstört seine Menschenwürde, meinen Vertreter von Menschenrechtsorganisationen.

Die häufig als »System Guantánamo« bezeichnete Strategie zielt darauf ab, ausländische Staatsbürger, die des Terrorismus verdächtigt werden, außerhalb der Rechtsordnung zu stellen. Die Ansiedlung dieses Gefangenenlagers außerhalb des Territoriums der USA wurde bewusst gewählt, um die Anwendung der US-Verfassung und internationaler Menschenrechtsstandards zu umgehen.

Doch wie weit darf die Terrorismusbekämpfung gehen und welche Gründe müssen vorliegen, um für die allgemeine Sicherheit der Menschen deren Rechte zu missachten? In der Kontroverse um das »System Guantánamo« hat sich ein eigenes »Feindstrafrecht« herausgebildet. Es unterstellt, dass für »Feinde« nicht beziehungsweise nicht in demselben Umfang die Menschenrechte gelten wie für »Nichtfeinde«. Es beinhaltet die Einschränkung des absoluten Folterverbots und rechtsstaatlicher Verfahren. Nach Meinung einiger Juristen soll das »Feindstrafrecht« dann zur Anwendung kommen, wenn Menschen sich derart fundamental gegen die demokratische Rechtsordnung stellen, dass mit ihnen keine rechtliche Gemeinschaft möglich sei. Die Politik der Gefahrenabwehr wird unter Juristen unter der Frage diskutiert: »Vom unbedingten Verbot der Folter zum bedingten Recht auf Folter?«

In Deutschland sorgte vor einigen Jahren der »Fall Daschner« für den Anlass, darüber zu streiten. In diesem Fall hatte ein Polizeibeamter einem Kindesentführer Folter angedroht, um ihm Informationen über das Versteck des Kindes abzuzwingen. In einem späteren Verfahren gegen den Polizeibeamten bekräftigte das Gericht das absolute Folterverbot in Deutschland. In Umfragen zu diesem in der Öffentlichkeit emotional diskutierten Fall äußerte die Mehrheit der Bevölkerung Verständnis für das Vorgehen des Polizeibeamten und forderte einen verbesserten Opferschutz zulasten des Täterschutzes.

In verschiedenen Abkommen gilt ein absolutes Verbot der Folter. Im Vergleich zu anderen Menschenrechtsnormen wie den Freiheitsrechten (zum Beispiel Recht auf Freiheit, Meinungs-, Gedanken-, Gewissens- und Religionsfreiheit sowie Reise- und Informationsfreiheit) und den sozialen Menschenrechten (zum Beispiel Recht auf Selbstbestimmung, Gleichberechtigung von Mann und Frau, Recht auf Arbeit und angemessene Entlohnung, Recht auf gesundheitliche Versorgung und Recht auf Bildung) wird das Folterverbot besonders streng formuliert. Sowohl in den Menschenrechtsübereinkommen der Vereinten Nationen als auch in der Europäischen Menschenrechtskonvention und in anderen Abkommen gilt das Folterverbot ohne jede Einschränkung. Es ist ein absolutes Verbot. Für den Direktor des Deutschen Instituts für Menschenrechte, Heiner Bielefeldt, gilt die Unvereinbarkeit von Folter und Rechtsstaatlichkeit ohne Abstriche: »Die Vorstellung, Folter erlauben und zugleich in rechtsstaatlichen Schranken halten zu können, ist in sich widersprüchlich. Sie muss schon daran scheitern, dass der abstrakte Primat der Gefahrenabwehr, unter dem man einem potenziellen Terroristen die Daumenschrauben ansetzt, im Falle von Aussageverweigerung dazu treiben wird, die Schraube immer weiter zu drehen.«

Über die Einhaltung der Menschenrechte wachen verschiedene internationale Institutionen und nichtstaatliche Menschenrechtsorganisationen. Der Internationale Strafgerichtshof in Den Haag ist für Verbrechen gegen die Menschlichkeit zuständig, auf der Ebene des Europarats können Menschen, die Verfolgung und Folter erleiden, den Gerichtshof für Menschenrechte anrufen. Zu den Zielen der Vereinten Nationen gehört es, »die Achtung vor den Menschenrechten und Grundfreiheiten für alle ohne Unterschied der Rasse, des Geschlechts, der Sprache oder der Religion zu festigen«.

Die praktische Durchsetzbarkeit der Rechte aus internationalen Verträgen gestaltet sich in der Regel recht schwierig. So kann der Internationale Gerichtshof Recht über die Staaten sprechen und somit auch Urteile verhängen. Dies allerdings nur, wenn der betreffende Staat hierin eingewilligt hat. Die verschiedenen Menschenrechtsabkommen – dazu zählen unter anderem die Internationalen Übereinkommen zur Beseitigung jeder Form von Rassendiskriminierung und jeder Form von Diskriminierung der Frau, die UN-Anti-Folter-Konvention, die UN-Kinderrechts-Konvention und die

Wanderarbeiter-Konvention – haben eine hohe Akzeptanz durch die Staatengemeinschaft gefunden. Doch die Umsetzung und Durchsetzung der Abkommen weisen Defizite auf. Auf internationaler Ebene sind die UN-Abkommen nicht einklagbar. Ein eigener »Weltmenschenrechtsgerichtshof« ist noch nicht in Sicht. Auf europäischer Ebene sind mit dem Europäischen Gerichtshof für Menschenrechte in Straßburg allerdings Individualbeschwerdeverfahren möglich.

Wie Menschenrechtsverletzungen wirksam verhindert werden können, bleibt in vielen Fällen politisch umstritten. Nutzen wirtschaftlicher Boykott und Isolation gegen Staaten, die gegen die elementaren Menschenrechte verstoßen? Das Wissen von Menschenrechtsverletzungen in Nordkorea, wo Hunderttausende Menschen verfolgt werden, die schwierige und rechtlose Situation der Wanderarbeiter und die ungelöste Tibet-Frage in China sowie die eingeschränkten Menschenrechte im Iran und anderen islamistischen Staaten, die sich auf die Scharia, das islamische Rechtssystem, stützen, konkurriert mit dem Wunsch nach wirtschaftlichem Handel und der Notwendigkeit diplomatischer Beziehungen.

Das Auswärtige Amt der Bundesregierung betrachtet in seiner Zielvorgabe die Achtung und den Ausbau der Menschenrechte als zentrales Anliegen der Politik der Bundesregierung. Menschen vor Verletzungen ihrer Rechte und Grundfreiheiten zu schützen, tragfähige Voraussetzungen dafür zu schaffen, dass Unterdrückung, Willkür und Ausbeutung keine Chance haben, ist der konkrete und formulierte Auftrag, dem sich die deutsche Menschenrechtspolitik in den internationalen Beziehungen verpflichtet weiß. In den »Grundsätzen deutscher Menschenrechtspolitik« der Bundesregierung heißt es: »Wo Menschen anders vor Verletzungen ihrer Rechte und Grundfreiheiten nicht geschützt werden können, müssen internationale Kontrolle, internationaler Druck und öffentliche Kritik als Mittel der Durchsetzung dienen. Herzstück präventiver Diplomatie bleibt aber eine auf Dialog und Kooperation gegründete Menschenrechtspolitik und Konfliktvorbeugung.« Dementsprechend will die deutsche Außenpolitik das menschenrechtliche Gespräch nicht nur mit anderen Regierungen, sondern auch mit menschenrechtlich engagierten Gruppen und Personen führen. Nichtregierungsorganisationen wie amnesty international oder kirchliche Hilfswerke fordern regelmäßig ein stärkeres menschenrechtliches Engagement der Bundesregierung und kritisieren mehr oder weniger deutlich den staatlich geförderten Wirtschaftsaustausch mit Staaten, denen Menschenrechtsverletzungen vorgeworfen werden.

Für die Einhaltung der Menschenrechte wird den verschiedenen Religionsgemeinschaften und Kulturen eine immer größere Bedeutung zugesprochen. Der Islam steht jedoch aus westlicher Sicht unter dem Klärungsbedarf, wie die Religionsfreiheit ausgelegt werden kann. In der Begründung und Forderung von Menschenrechten wird seit vielen Jahrzehnten auf die Haltung der katholischen Kirche verwiesen, die sich zum Anwalt der universellen Menschenrechte erklärt hat. In der abstrakten rechtsphilosophischen Diskussion über die Menschenrechte kommt es oft zu der Schlussfolgerung, dass die christliche Sicht im Einsatz für die Menschenrechte helfen kann, Unrechtserfahrungen präsent zu halten.

Kommentar

In aller Welt und fast täglich ist die Rede von den Menschenrechten. Dabei sind zwei Engführungen festzustellen: Fast immer verengt sich der Blick auf das Individuum. Ein einzelner Mensch hat Rechte, die unabhängig vom Staat und von der Gesellschaft, unabhängig auch von demokratischen Mehrheiten feststehen und zu schützen sind. Das ist richtig und wichtig. Aber genauso wichtig ist es, zu betonen, dass solche Menschenrechte den einzelnen Menschen verpflichten, denn niemand ist eine Insel, und schon gar nicht eine individuelle Insel der Seligkeit! Jeder Mensch ist angewiesen auf den Mitmenschen und auf seine soziale Umwelt – daher definieren die alten Griechen und im Anschluss daran auch der heilige Thomas von Aquin den Menschen als »zoon politikon«, als »animal sociale«, als zutiefst mitmenschliches Lebewesen. Solche Mitmenschlichkeit aber fällt nicht vom Himmel, sondern muss entfaltet und gefördert werden. Wer sein eigenes Menschenrecht beansprucht, muss immer auch auf die Rechte der anderen Menschen schauen und sie respektieren. Immanuel Kant deutet das an in seiner berühmten Formulierung des kategorischen Imperativs, der sich schwerer anhört, als er zu begreifen ist: »Handle stets so, dass die Maxime deines Handelns allgemeines Gesetz werden könnte!« Gemeint ist: Jeder Mensch hat von Natur aus – daher die Rede vom Naturrecht! – in seiner Vernunft – daher die Rede vom Vernunftrecht! – die logische Einsichtsfähigkeit, dass jeder menschlichen Person – daher die Rede vom Personrecht! – prinzipiell die gleichen Rechte zukommen, wie man sie für sich selbst als Person wünscht. Auf dieser ersten ethischen Basis, die in fast allen Hochkulturen in der Form der so genannten »Goldenen Regel« (»Handle so, wie auch du behandelt werden möchtest!«) zu finden ist, fußen alle weiteren ethischen Normen und Festlegungen. Man denke an das berühmte »Tabu« der polynesischen Kulturen: Die menschliche Person wird für »tabu« erklärt, jedenfalls in ihren grundlegenden Rechten. Es sind Rechte auf Freiheitsräume: Raum des Lebens, der körperlichen Unversehrtheit, der Meinungsäußerung, der Bewegungsfreiheit, der Ehe und Familie, der Religion. Hinzu kommen Anspruchsrechte: Recht auf Arbeit, auf Gesundheit, auf Bildung, auf gleiche Behandlung vor dem Gesetz. Und hier, im Feld der Ansprüche einer jeden Person, auch der noch ungeborenen Menschen, tritt der Staat auf den Plan, denn ihm obliegt es, gleichsam als Sachwalter und Advokat eines jeden Menschen, zumal der schwächeren Personen, solche Ansprüche nach Kräften einzulösen und in die Wirklichkeit umzusetzen.

Die Rede vom »Tabu« aber lenkt den Blick auf eine zweite Engführung: Oft ist die Rede von Menschenrechten, ohne dass noch genügend deutlich wird, aus welcher Quelle diese Rechte denn entspringen. Auch hier kann wieder an den deutschen Philosophen Immanuel Kant gedacht werden, mit seinem ebenfalls berühmt gewordenen Gedanken: Der Mensch ist das einzige Lebewesen, das nicht allein Wert und Preis hat, sondern Würde! Damit wird ein römischer Rechtsbegriff in die Debatte eingeführt: Würde meint eine letzte, nicht weiter hinterfragbare und hintergehbare, nicht weiter in Frage zu stellende Grundeigenschaft des Menschen als Person. Würde ist dabei nicht gebunden an äußere überprüfbare Eigenschaften wie Leistung, Bewusstsein, Intelligenz oder Ansehen. Würde ist sozusagen die erste Denkvoraussetzung des ethischen Nachdenkens über den Menschen: Wer über den Menschen nachdenkt, tut dies auf der Grundlage der unbestrittenen Würde jeder menschlichen Person. Nochmals anders gesagt: Die Würde eines Menschen und seines körperlich-leibhaften Lebens wird nicht hinterfragt, schon gar nicht nach Nutzen oder Gewinn oder Wert für andere. Die Rede von der Würde verbürgt jeder menschlichen Person die Gewissheit, sich nicht der grauenhaftesten Frage aller Fragen stellen zu müssen: Ist es gut, dass es dich gibt?

Das, und nur das, darf überhaupt nie gefragt und in Frage gestellt werden. Es ist absolut tabu, nach der Gutheit der Existenz einer Person zu fragen. Es bildet die Grundlage unserer Kultur und unserer Ethik zu wissen und zu glauben, dass es unbedingt gut ist, dass jeder Mensch da ist – so wie er ist! Und was dann folgt an ethischem Nachdenken und an Einschränkungen individueller Freiheit und an Bemühungen um den Menschen und seine (ohne Zweifel notwendige) Erziehung, geschieht auf der Grundlage dieser unantastbaren Menschenwürde.

Das Christentum drückt diese Tatsache im Anschluss an den alttestamentlichen Schöpfungsbericht mit dem Begriff der »Gottebenbildlichkeit« aus. Auch »Gott« ist, rein sprachlogisch betrachtet, ja ein »Tabu«: eine Voraussetzung alles weiteren Nachdenkens. Gott ist das unbedingte Sein, der sich am Berg Sinai als der »Ich bin der Ich-bin-da!« (Ex 3,5) dem Mose und dem Volk Israel offenbart, und dessen Abbild der Mensch ist: auch er mit dem Recht auf unbedingtes Dasein ausgestattet. Sein ursprünglichstes Recht zu leben und zu denken und zu reden verdankt der Mensch nicht anderen Mitmenschen oder gar dem Staat, sondern allein Gott. Von daher ist auch die Anrufung Gottes in der Präambel des deutschen Grundgesetzes richtig zu verstehen: In Verantwortung vor Gott wird anerkannt, dass der Mensch und seine Würde sich nicht der Anerkennung durch andere Menschen verdankt, sondern jenseits der menschlichen Welt aus Ware und Wert und Preis verankert ist. Und noch etwas unterstreicht das Christentum: Jede menschliche Person besitzt nicht nur eine gleichsam neutrale Menschenwürde, sondern, da von Gott geschaffen, der die Liebe ist, eine innere und wiederum unbedingte Liebenswürdigkeit. Es ist dies die innerste und letzte Eigenschaft des Menschen: Würdig zu sein, geliebt zu werden. Und daraus entspringt dann gerade das paradoxe Recht eines jeden Menschen auf Liebe – ein Recht, das kein Staat der Welt und letztlich auch kein Mensch auf dieser Welt einlösen kann, sondern das nur Gott einlöst. Aber dass jeder Mensch in seinem Leben zu der ahnungshaften Gewissheit gelangt, er werde nicht nur verwertet und gebraucht und benutzt, sondern unbedingt geliebt, selbst da und dann, wo er unnütz oder gar sozial unverträglich sich gebärdet – das ist das letzte Menschenrecht, dem der Staat und seine Gesetze und folglich die Politik verpflichtet sind. Und daher ist ein unbedingtes Menschenrecht und eine vorausliegende Menschenwürde letztlich ohne den Bezug zu Gott nicht logisch zu denken. Denn wenn diese Welt nicht nochmals verankert wird in einem nicht in der Welt sich erschöpfenden Sinn, dann bleibt letztlich nur die Welt von, wie Antoine de Saint-Exupéry einmal schreibt, »Kühlschränken, Kreuzworträtseln und Bilanzen«, die Welt des Nutzens und des Gebrauches, von denen kein Mensch aber den Sinn des Lebens ableiten kann.

Das »Kompendium der Soziallehre der Kirche« unterstreicht daher: »Die letzte Quelle der Menschenrechte liegt nicht im reinen Willen der Menschen, nicht in der Wirklichkeit des Staates, nicht in den öffentlichen Gewalten, sondern im Menschen selbst und in Gott, seinem Schöpfer. Diese Rechte sind universal, unverletzlich und unveräußerlich. Universal, weil sie unabhängig von Ort, Zeit oder Subjekt ausnahmslos in allen Menschen vorhanden sind. Unverletzlich insofern, als sie aus der Würde und dem Wert erwachsen, die der menschlichen Person innewohnen und weil es müßig wäre, die Rechte zu verkünden und nicht gleichzeitig alles zu tun, um den ihnen gebührenden Respekt von Seiten aller überall und gegenüber jedem zu gewährleisten. Unveräußerlich insofern, als niemand irgendeinen seiner Mitmenschen dieser Rechte berauben darf; denn das würde bedeuten, seiner Natur Gewalt anzutun.« (Nr. 153)

3. Private und öffentliche Sünde

Kein Mensch ist so gerecht, dass er ohne Sünde ist. Der heutige Mensch weiß um seine Unzulänglichkeit, aber richtig damit umzugehen fällt ihm schwer. Die Alltagssprache kennt weitgehend nur noch Park- und Umweltsünder, Sündenböcke und Steuersünder, Diätsünden und Bausünden. Mit dem Sündenbegriff wird leichtfertig umgegangen. Viele beklagen heute ein fehlendes Sündenbewusstsein, eine Verdrängung von Sünde und eine Trivialisierung des Sündenbegriffs. Mogeleien bei der Steuererklärung und falsche Angaben bei der Versicherung gelten als Kavaliersdelikte. Der Missbrauch des Eigentums des Arbeitgebers für persönliche Zwecke, zum Beispiel die private Internetnutzung während der Arbeitszeit, wird kaum noch infrage gestellt. Das biblische Gebot »Du sollst nicht stehlen« wird, abgesehen vom Diebstahl herkömmlicher Art, in diesem Zusammenhang kaum noch als Sünde wahrgenommen.

Das zunehmende Schwinden des Schuld- und Sündenbewusstseins geht einher mit einer neuen Sensibilität für menschliche Verantwortung, für Verfehlungen und Versagen. Ethiker und Moraltheologen nehmen ein deutliches Gespür für die Unversöhntheit menschlicher Beziehungen, sowohl im privaten wie im öffentlichen und politischen Bereich, wahr. Erfahrung von Schuld besteht heute weniger in Verstößen gegen einzelne konkrete Gebote, sondern eher in der Gleichgültigkeit gegenüber dem Leid und der Not anderer. Zu den Herausforderungen der Moraltheologie und katholischen Soziallehre gehört es, eine zeitgemäße Deutung von Schuld und Sünde zu geben.

In erster Linie gehören die Begriffe Schuld und Sünde in den Bereich der persönlichen moralischen Verantwortung des einzelnen Menschen. Schuld ist eine Grunddimension des menschlichen Lebens. Die Schuld des Menschen stört nicht nur das zwischenmenschliche Verhältnis, sondern auch das Verhältnis zu Gott. Neben dieser persönlichen Ebene gibt es auch die Schuld in ihrer sozialen Erscheinungsform. Die Begriffe in den kirchlichen Verlautbarungen dazu variieren. Die Rede ist von »struktureller Sünde«, »sozialer Sünde«, »Strukturen der Sünde« oder von »öffentlicher Sünde«. Gemeint sind damit Konflikte im Zusammenleben von Gesellschaften und Gruppen. Die Konflikte liegen darin begründet, dass einzelne oder Gruppen von Menschen auf Kosten anderer leben und ungerechte Lebensverhältnisse aufbauen, stabilisieren und strukturell festigen.

Der Hunger in der Welt, Armut, Gewalt, medizinische Unterversorgung, Ausbeutung der Ressourcen in der so genannten Dritten Welt werden als »strukturelle Schuld« gedeutet. Im weltweiten Kontext betrachtet, bedeutet dies, dass die Wohlstandsgesellschaften auf Kosten der unterentwickelten Länder leben. Eine Theologie der Versöhnung will hier ansetzen, indem die strukturell ungerechten Verhältnisse in der Welt aufgedeckt und bewusst gemacht sowie die Menschen zur Umkehr gerufen werden.

Unter dem Eindruck der in den 1970er Jahren entstandenen Befreiungstheologie in Lateinamerika, die Sünde als Zustand von Ungerechtigkeit und Ausbeutung verstand und von der Kirche eine »Option für die Armen« einklagte, formulierte die Gemeinsame Synode der westdeutschen Bistümer 1975 in ihrem Synodenpapier »Unsere Hoffnung«: »Unsere christliche Predigt der Umkehr… muss aber auch den Mut haben, das Bewusstsein von Schuld zu wecken und wachzuhalten – gerade auch im Blick auf die immer mehr zunehmende gesellschaftliche Verflechtung unseres Handelns und unserer Verantwortung, die heute über den nachbarlichen Bereich hinausreicht. Die christliche Rede von Schuld und Umkehr muss jene geradezu strukturelle Schuldverstrickung ansprechen, in die wir heute, durch die weltweiten Verflechtungen und Abhängigkeiten, angesichts des Elends und der Unterdrückung ferner, fremder Völker und Gruppen geraten. Sie muss darauf bestehen, dass wir nicht nur durch das schuldig werden können, was wir anderen unmittelbar tun oder nicht tun, sondern durch das, was wir zulassen, dass es anderen geschehe…«

Schuldhaftes Handeln bleibt nicht im individuellen Bereich, sondern kann zu ungerechten gesellschaftlichen Strukturen führen, die neues schuldhaftes Handeln hervorbringen. So finden sich die Ursachen für Gewalt und Kriminalität hauptsächlich in sozialen Benachteiligungen von Armut und Arbeitslosigkeit. Lateinamerikanische Befreiungstheologen, aber auch einige Vertreter der katholischen Soziallehre sehen gerade in der sozialen Ungerechtigkeit eine strukturelle Sünde, die dazu führt, dass Menschen verarmen.

Lehramtliche Meinungen der Kirche erkennen eine strukturelle Schuld, in der die Menschen verstrickt sind, weil sie teilhaben an einem Unrechtssystem oder an Verhältnissen, die der Einzelne nicht ohne weiteres ändern kann. Dies kann die Geschichte eines Volkes sein, in die Menschen hineingeboren sind, und die eine Hypothek der Vergangenheit darstellt. Strukturelle Schuld wird aber auch durch die Ungleichgewichtigkeit der Verhältnisse gekennzeichnet, von der die reichen Staaten gegenüber den armen Ländern profitieren, und die durch globale ökologische Schädigung, unter der alle leiden, die aber nur von einem Teil der Menschheit verursacht wird. Gegen die Überbetonung der öffentlichen

Sünde ist von Theologen eingewandt worden, dass diese die moralischen Grundsätze von der Person auf die Strukturen verlagere. Dies führe zu einem Ende von Freiheit und persönlicher Verantwortung. Nur Personen seien handlungsfähig und könnten sündigen, nicht aber Sozialgebilde und Strukturen. Statt von öffentlicher Sünde solle man besser von »institutionalisiertem Unrecht« sprechen.

Ungerechte Verhältnisse werfen die Frage auf, welches Leben Christen leben wollen und sollen – politisch und privat. Fragen der christlichen Existenz und der politischen Verantwortung stellen sich unter dem Maßstab des Wortes Jesu aus dem Matthäus-Evangelium: »Was ihr für einen meiner geringsten Brüder getan habt, das habt ihr mir getan.« (Mt 25,40) So wie die private Sünde eine »Umkehr« verlangt, so werden in Bezug auf die öffentliche Sünde Forderungen nach einer »Umkehr« erhoben, die auf eine Änderung des Lebensstils und der politischen Verhältnisse zugunsten einer Behebung des weltweiten Elends und einer größeren globaleren Gerechtigkeit abzielen. Der Sündenbegriff wird so zu einer Anfrage an den Lebensstil, an die Art und Weise, wie der Christ seinen Glauben lebt. Doch wie kann der Begriff Sünde so bestimmt werden, dass er den gegenwärtigen Lebenszusammenhängen vermehrt Rechnung trägt? Wie kann Schuld beseitigt werden? Wie kann das Bewusstsein von Schuld heute noch geschärft werden? Wie ist Vergebung möglich?

Kommentar

Die Rede von der Sünde ist in mehrfacher Hinsicht in ein Zwielicht und in eine seltsame Unbestimmtheit geraten, vielleicht auch, weil in der christlichen Predigt und Verkündigung allzu häufig von Sünde und Sünden die Rede war. Dabei ist zunächst wichtig, festzuhalten, was christlich mit der Sünde gemeint ist, und was im deutschen Wort mit seiner Verwandtschaft zu »absondern« und »Sund« noch aufleuchtet: von Trennung und daraus resultierender Schwäche und Verletzung und Deformierung ist die Rede. Im Hintergrund steht die Überzeugung, der Mensch könne gut und wahrhaftig sein nur in ständiger und lebendiger Verbindung mit Gott, dessen Abbild er ist. Wenn sich der Mensch aber von Gott, der allein ganz gut ist, absondert, fällt er in Sünde: Falsche und kurzsichtige Ziele werden angestrebt, Unwichtiges für wichtig gehalten, der Blick für das Wesentliche geht schleichend verloren, die Kraft zum Guten erlahmt. Mit der Sünde der Abwendung von Gott – paradigmatisch erzählt im Buch Genesis mit der Ursünde von Adam und Eva und ihrem fundamentalen Zweifel an Gottes genügender Liebe – entstehen die vielen zwischenmenschlichen Sünden, zuerst in den verfestigten Haltungen von Neid, Geiz, Hochmut, Zorn, Wollust, sodann in sündhaften Handlungen. Denn: Wer zuerst den *Halt* in Gott verliert, der verliert sodann auch die *Haltung* der unbeirrbaren Gutheit und schließlich das gute und liebende *Verhalten*.

Da der Mensch aber nicht einfach nur als Individuum vor Gott lebt, sondern immer schon in Gemeinschaft mit anderen Menschen, kann zu Recht von persönlicher (oder privater) und sozialer (oder öffentlicher) Sünde gesprochen werden. Das »Kompendium der Soziallehre der Kirche« erläutert prägnant: »Das Geheimnis der Sünde besteht in einer doppelten Verletzung, die der Sünder sich selbst und seiner Beziehung zum Nächsten zufügt. Deshalb kann man von persönlicher und sozialer Sünde sprechen: Jede Sünde ist zum einen persönlich; zum anderen ist sie sozial, insofern und weil sie stets auch gesellschaftliche Auswirkungen hat. Im wahren und eigentlichen Sinne ist die Sünde immer ein Akt der Person, weil sie ein Akt der Freiheit eines einzelnen Menschen und eben nicht einer Gruppe oder einer Gemeinschaft ist; andererseits lässt sich jede Sünde zweifellos auch als soziale Sünde charakterisieren, wenn man berücksichtigt, dass die Sünde eines jeden Einzelnen kraft einer menschlichen Solidarität, die so geheimnisvoll und verborgen und doch real und konkret ist, sich in irgendeiner Weise auf die anderen auswirkt. Es ist jedoch nicht legitim und darf nicht akzeptiert werden, wenn die persönliche Komponente durch den Begriff der sozialen Sünde mehr oder weniger bewusst verwässert und praktisch aufgehoben und infolgedessen nur mehr von sozialer Schuld und Verantwortung gesprochen wird. Jede Situation der Sünde beginnt in der Person dessen, der die Sünde begeht.« (Nr. 117)

Zweierlei ist damit deutlich ausgesprochen: Jede Person hat Verantwortung und Freiheit zum Guten. Und zweitens: Niemand steht einfach nur in Verantwortung vor Gott, sondern schuldet solche Verantwortung und verantworteten Gebrauch seiner Freiheit immer auch dem Mitmenschen. Gottes- und Nächstenliebe sind untrennbar miteinander verknüpft. Insbesondere in der Auseinandersetzung mit der politischen Theologie und der lateinamerikanischen »Theologie der Befreiung« hat die Kirche immer wieder darauf hingewiesen, dass die letzte Wurzel des Bösen im menschlichen Herzen, genauer: im menschlichen Denken und Fühlen und Handeln zu suchen ist, und nicht zuerst in sündhaften Strukturen. Freilich ist jeder Mensch vielfältig eingebunden und eingeflochten in Umwelt und soziale Mitwelt. Aber das entbindet ihn nicht, ständig und stets über eine schrittweise Verbesserung der sozialen Welt nachzudenken und bei sich und der eigenen kleinen Welt damit anzufangen. Katholisch gesprochen, beginnt das Gute im Menschen in der göttlichen Sündenvergebung, im Beichtstuhl und im persönlichen Vorsatz zum Guten. Dann erst können Strukturen der Sünde und des Unrechts aufgebrochen und verändert werden. Kein menschenverachtendes und sündhaftes System wird auf Dauer Bestand haben können, wenn Menschen sich in ihrem Gewissen unbestechlich und verantwortlich nach dem wirklich Guten befragen und nach Mitteln und Wegen suchen, das Gute in die mühsame Münze des alltäglichen Handelns umzuwechseln.

Wenn die Sozialethik von sozialer Sünde spricht, dann stehen Absonderungen von Menschen vor Augen, Verletzungen der Menschenwürde und der Menschenrechte: Sünde gegen das Gemeinwohl und die Generationengerechtigkeit, Sünde gegen das Lebensrecht und die Entfaltungsrechte von Personen, Sünde gegen die Freiheiten anderer Menschen. Zu Recht kann man hier an einen Dammbrucheffekt denken: Persönliche Sünden vergiften auf Dauer die soziale Umwelt und stärken Strukturen der Sünde. So gerät allmählich und fast unmerklich der Damm ins Rutschen, der doch das Gute bewahren sollte. Dämonisch am Bösen ist nämlich die ihm innewohnende Kraft der Gewöhnung: Wenn niemand mehr am Ende das Böse als Böses erkennt; wenn Sünde nicht mehr Sünde, sondern Normalität oder auch nur Durchschnittlichkeit heißt; wenn Unrecht nicht mehr als solches benannt und angeklagt wird – dann hat das Böse sein Ziel erreicht. Und das dürfte nicht geschehen. Daher beginnt der Wille zum Guten immer im Herzen eines Menschen, in jeder nüchternen und tapferen Gewissenserforschung und im Willen zum Guten in den Grenzen des hier und jetzt und mir Möglichen. Nur so verändert sich auch auf Dauer eine Gemeinschaft von Menschen zum Guten hin.

4. Grundwerte der Demokratie

Mit der größten Verfassungsbeschwerde in der bundesdeutschen Geschichte wollen rund 30.000 Bürgerinnen und Bürger das seit Anfang 2008 in Kraft getretene Gesetz zur massenhaften Speicherung von Telefon- und Internetdaten zu Fall bringen. Die beim Bundesverfassungsgericht eingereichte Klage richtet sich gegen das Datengesetz, nach dem alle Verbindungen über Festnetz, Handy oder E-Mail ein halbes Jahr lang gespeichert werden müssen. Das Gesetz wurde eingeführt, um gegen Terrorverdächtige besser ermitteln zu können und dem Sicherheitsbedürfnis der Bevölkerung Rechnung zu tragen. Kritiker des Gesetzes halten die Maßnahme für einen gravierenden Eingriff in die Grundwerteordnung des Rechtsstaates. Sie sehen die Freiheitsrechte und die Privatsphäre eingeschränkt. Jeder Bürger werde wie ein potentieller Straftäter behandelt, heißt ein Argument. Der FDP-Politiker Guido Westerwelle unterstützt die Verfassungsbeschwerde und sagte in einem Gespräch: »Der Terror bleibt eine reale Bedrohung. Aber unsere freiheitliche Wertordnung können wir nicht dadurch verteidigen, indem wir sie aufgeben.«

Das Beispiel der Klage gegen das Datengesetz verdeutlicht, dass die im Grundgesetz verankerten Grundrechte in Konkurrenz zueinander stehen können und im demokratischen Rechtsstaat bei einer vermeintlichen Einschränkung durch den Gesetzgeber durch Verfassungsbeschwerden beim Bundesverfassungsgericht einklagbar sind. Grundrechte werden in Deutschland in der Bundesverfassung und in einigen Landesverfassungen gewährleistet. Die meisten Grundrechte sind im Grundgesetz verbürgt. Zum Teil handelt es sich um Rechte, die als Menschenrechte jedem Einzelnen als im Kern unantastbare und unveräußerliche Rechte zustehen. Zu den Grundrechten gehören die Menschenwürde, die freie Entfaltung der Persönlichkeit, das Recht auf Leben und körperliche Unversehrtheit und die Freiheit der Person, die Gleichheit vor dem Gesetz, die Glaubens-, Gewissens- und Bekenntnisfreiheit sowie die Religionsfreiheit, die Meinungs-, Informations- und Pressefreiheit, das Brief-, Post- und Fernmeldegeheimnis, die Freizügigkeit, die Freiheit der Berufswahl, die Freiheit von Kunst und Wissenschaft, die Eigentumsrechte und nicht zuletzt die Koalitionsfreiheit einschließlich des Rechts zum Arbeitskampf. Ihrem Wesen nach sind Grundrechte Abwehrrechte des Bürgers gegen den Staat. Sie verbürgen gleichzeitig das Recht auf Mitwirkung im staatlichen Gemeinwesen. Dazu gehört das Wahlrecht in freien und geheimen Wahlen. Wer allerdings bestimmte Grundrechte zum Kampf gegen die freiheitliche und demokratische Ordnung missbraucht, verwirkt sie.

Grundrechte sind, vereinfacht gesagt, aus den Grundwerten abgeleitete öffentliche Rechte mit Verfassungsrang.

Grundwerte bezeichnen die elementaren Aufbauprinzipien menschenwürdiger Existenz als eines Lebens in Gemeinschaft. Grundlegend ist die Überzeugung von der Würde und Freiheit der menschlichen Person, die in den Leitbegriffen Freiheit, Gleichheit, Gerechtigkeit und Solidarität ihren Ausdruck finden. Zu den Grundwerten gehören aber auch die sittlichen Handlungen und auf der Ebene der gesellschaftlichen und politischen Ordnungsgestaltung das Demokratie-, Rechtsstaats-, Sozialstaats-, Gemeinwohl- und Subsidiaritätsprinzip.

Diese Werte und Prinzipien, so wie sie das Grundgesetz seit mittlerweile 60 Jahren garantiert, fußen wesentlich auf dem christlichen Bild vom Menschen, das für die »Väter des Grundgesetzes« bestimmend gewesen ist. Das christliche Menschenbild, das von der unveräußerlichen Würde, der Gleichwertigkeit, Verschiedenartigkeit und Unvollkommenheit des Menschen ausgeht, bildet eine Grundlage für verantwortliches Handeln in Politik und Gesellschaft. Es beschreibt den Menschen als Individual- und Sozialwesen. Daraus folgt, dass der Mensch nach individueller Selbstverwirklichung strebt, aber immer auch auf die Gemeinschaft angewiesen ist. Diesem Menschenbild kann am ehesten in einer solidarischen Gesellschaft Rechnung getragen werden. Die Grundwerte ergänzen sich, sie stehen aber in einem Spannungsverhältnis zueinander. So wenig, wie es eine absolute Freiheit gibt, so wenig kann eine Gesellschaft eine absolute Gleichheit und eine vollkommene Gerechtigkeit herstellen. Grundwerte können nicht verwaltet werden, sie müssen sich in den politischen Debatten bewähren. In allen demokratischen Parteien herrscht Konsens, Grundwerte als Maßstab politischen Handelns anzuerkennen und als Leitbegriffe in der Programmatik aufzugreifen.

Freiheit, Solidarität und Gerechtigkeit bedürfen einer immer neuen Interpretation, wie die Grundwerte-Debatten in den Parteien zeigen. Grundwerte müssen kontinuierlich den Bedingungen der Zeit angepasst werden, da durch immer neue politische Fragestellungen neue Anforderungen an die

Grundwerte gestellt werden. Besonders deutlich wurde dies durch die innerparteilichen Diskussionen in der SPD um den Grundwert der sozialen Gerechtigkeit. Die Diskussionsbeiträge in dieser Partei warfen der Parteispitze eine Anpassung an den als »neoliberal« geschmähten Zeitgeist vor und warnten davor, opportunistisch mit alten sozialdemokratischen Traditionen zu brechen und damit Kerngruppen der eigenen Wählerschaft zu verprellen. Die Kritiker warnten die SPD-Führung vor einem »wirtschaftsfreundlichen Kurs« zulasten der sozialen Gerechtigkeit.

In der allgemeinen Debatte um den Gerechtigkeitsbegriff fand aber auch eine in der Zeitschrift »Neue Gesellschaft / Frankfurter Hefte« formulierte These des Sozialhistorikers Jürgen Kocka unter führenden Sozialdemokraten Anhänger: »Eine moderne Gerechtigkeitspolitik muss Umverteilung mit dem Ziel größerer ökonomischer Gleichheit klein schreiben. Erstens lässt sich das Ziel schwer erreichen, erst recht unter den Bedingungen der Globalisierung und der immer möglichen Abwanderung großer Vermögen. Zweitens kann die Verfolgung des Gleichheitsziels die Erreichung der anderen, vorher genannten, vorrangigen Gerechtigkeitsziele erheblich erschweren oder gar unmöglich machen. Und drittens scheint mir wichtiger, dass es allen besser geht, als dass Unterschiede zwischen ihnen verringert werden. Ungleichheit auf hohem und wachsendem Gesamtniveau scheint mir menschenfreundlicher als Gleichheit auf tiefem, stagnierendem oder gar absinkendem Niveau.«

Der SPD-Politiker Wolfgang Thierse widersprach dieser Auffassung: »Der Abbau von sozialen Sicherheiten und Einkommensspreizung haben nicht zum Aufbau von mehr allgemeinem Wohlstand geführt, jedenfalls nicht bei den vom Abbau betroffenen Schichten. ... Die propagierte ökonomische Logik der vermehrten Ungleichheit als Wachstumshebel ist doch wohl zu kurzsichtig.«

Um sozialpolitisch agieren und soziale Gerechtigkeit umsetzen zu können, so die Einsicht vieler um das Gemeinwohl bemühter Politiker aller Parteien, bedarf es zunächst der Produktion von Wohlstand, bevor es zu einer Verteilung von Wohlstand kommt. Somit kann der Wert der sozialen Gerechtigkeit nur verfolgt werden, wenn er immer neu ausbalanciert wird mit anderen Orientierungsmaßstäben der Politik.

Einem Wandel unterliegt der Begriff der Solidarität. Lange Zeit stand er für den inneren Zusammenhalt der Gesellschaft. Es gab einen breiten Konsens, dass man füreinander einzustehen hat. Solidarität verpflichtet zum Eintreten für andere. Solidarität ist im heutigen Sprachgebrauch eine moralische Handlungspflicht, die auf einer gegenseitigen Hilfsbereitschaft innerhalb einer Gemeinschaft von Menschen beruht. Solidarität als Grundwert der Demokratie lässt sich verschieden begründen. Im Ansatz der SPD sollen Menschen durch gemeinsame Interessen und Ziele zu solidarischem Handeln motiviert werden, weil nur gemeinsam Interessen gewahrt werden können. Grundsatzaussagen von CDU und CSU begründen Solidarität in erster Linie in der Gott geschuldeten Nächstenliebe zum Mitmenschen. Solidarität unterscheidet sich von Gerechtigkeit dadurch, dass sie nicht zur Auferlegung von Handlungspflichten durch den Staat führt, die als Rechtspflichten verankert werden können. Es besteht keine Möglichkeit, Solidarität zu verrechtlichen oder unsolidarisches Verhalten gesetzlich zu maßregeln. Solidarisches Verhalten wird allerdings als wichtige Grundlage zur Erlangung sozialer Gerechtigkeit bewertet.

Sozialforscher beobachten ein allmähliches Schwinden des Solidaritätsverständnisses in der Gesellschaft. Als ein Grund wird der mangelnde Einfluss der Kirchen auf die Gesellschaft und die »Verdunstung« des christlichen Glaubens genannt. Dadurch entfällt zunehmend die religiös motivierte Grundlage der Solidarität. Aufgrund des schwindenden Wertes der Solidarität plädieren einige Gesellschaftsanalytiker für andere politische Werte, die den Zusammenhalt der Gesellschaft bewirken. Immer öfter wird der Begriff »Nachhaltigkeit« als Grundwert ins Gespräch gebracht. Er begründet politisches Handeln und Verhalten der Menschen über einen langen Zeitraum und nimmt künftige Generationen in den Blick. Ohne an die Solidarität appellieren zu müssen, kann dieses Engagement mehr auf das Eigeninteresse der Bürger setzen.

Voraussetzung für eine offene und solidarische Gesellschaft ist die Verankerung wesentlicher demokratischer Tugenden im gesellschaftlichen Bewusstsein der Bürger. Diese demokratischen Tugenden sind Toleranz, die Bereitschaft zur Austragung von Konflikten und deren gewaltlose Lösung durch Kompromisse. Die freiheitlich-demokratische Grundordnung und die Freiheit schlechthin sind nur von Dauer, wenn die Institutionen, die die Freiheit verbürgen, von den Bürgern respektiert, geschützt und in der Reihe der Generationen weitergegeben werden. Es ist das Recht aller Bürger und in gewisser Hinsicht eine Verpflichtung, an der Gestaltung des öffentlichen Lebens mitzuwirken. Dies kann vor allem in den Parteien und Verbänden geschehen.

Der demokratische Gedanke bedarf einer Verwirklichung in der Gesellschaft, damit die Prinzipien der demokratischen Staatsform auch in der Realität erfahrbar werden. Mit dem Schutz von Grundrechten, der Teilhabe der Parteien an der politischen Willensbildung, dem Einfluss von Verbänden, Interessengruppen und gesellschaftlichen Kräften auf die politischen Entscheidungen verwirklichen sich Grundvollzüge der Demokratie. In einem Wechselspiel von Kommunikation und Willensbildung erfolgt Demokratie, wobei der Staat auf die Herbeiführung eines Konsenses in oft langwierigen Abstimmungs- und Verhandlungsprozessen angewiesen ist. Demokratie und Rechtsstaat, die die aus den Grundwerten entstehenden Grundrechte sichern, benötigen die Akzeptanz in der Bevölkerung. Diese sinkt im Allgemeinen bei politischen und wirtschaftlichen Krisen. So stellte das Statistische Bundesamt im Zeitraum mehrerer Sozialreformen eine abnehmende Akzeptanz der Demokratie fest. Die Zahl derer, die in den alten Bundesländern eine andere Staatsform als die Demokratie besser finden, stieg im Zeitraum von 2000 bis 2005 von 9 Prozent auf 17 Prozent, in Ostdeutschland von

27 Prozent auf 41 Prozent. Seit vielen Jahrzehnten stellen Wahlforscher eine Abnahme der Wahlbeteiligung fest. An Kommunalwahlen in Ostdeutschland beteiligt sich teilweise nur ein Drittel der Wählerinnen und Wähler am Urnengang.

Kommentar

Was trägt aus christlicher Sicht die Demokratie? Und was sind die unaufgebbaren Grundlagen einer demokratischen Rechtsordnung? Solche Fragen sind jenseits des politischen Alltagsgeschäftes immer wieder zu stellen – die Demokratie ist gleichsam immer wieder auf den Prüfstand zu stellen, um ihre innere Konsistenz und ihre Tauglichkeit als Hüterin der unveräußerlichen Menschen- und Personrechte zu erweisen. Und zuweilen bedarf es auch der Proteste, nicht zuletzt aus christlicher Sicht, um verschleierte oder ganz verborgene Ungerechtigkeiten einer Demokratie anzuprangern und im demokratischen Diskurs zur Sprache zu bringen, damit aus einer kleinen Ungerechtigkeit nicht unbemerkt ein größeres Unrecht wird. Die notwendigen Debatten um die Abtreibung und den Embryonenschutz sind dafür gute Beispiele.

Wie weit darf aus christlich-moralischer Sicht ein Protest gehen? Diskutiert wird dies nicht zuletzt auch im Umfeld der monströsen G8-Gipfel, aber auch überhaupt im Zusammenhang mit nationalen und internationalen Konferenzen, die zuweilen allzu abschätzig als bloße Inszenierungen der Mächtigen und Vermögenden verunglimpft werden. Ist denn der Bürger und der Christ im Staat nur ein geduldeter Zaungast der Entscheidungsträger und allenfalls alle vier bis fünf Jahre ungeliebtes, aber leider notwendiges Stimmvieh an den Wahlurnen? Dahinter erhebt sich unmerklich fast, aber um so drängender die Frage: Was ist eigentlich die Demokratie vom Wesen her und auf welchen Werten beruht sie? Von Ernst Jünger soll nochmals der berühmte Satz zitiert werden: »Demokratie ist der Zustand, in der jeder jedem zu jeder Zeit eine Frage stellen darf!« Voilà – eleganter und kürzer geht es nicht! Demokratie ist, in der Sprache der theologischen Tradition, reine Form – über die Qualität des in dieser Form befindlichen Inhaltes ist damit noch nichts ausgesagt! Die Blumenvase, die Kuchenform, die Obstschale, der Trinkbecher: alles sind Formen, höchst geeignet, um verschiedene Inhalte, gute und schlechte, Weißwein oder Schierlingsgift, aufzunehmen. Die Form aber ist in jedem Fall ein guter, verheißungsvoller Beginn, oder anders: Die Form ist nicht alles, aber ohne die Form ist alles nichts!

Demokratie ist solch eine Form, wie der Trinkbecher eben: Ob Wasser, Wein oder Schierling darin enthalten ist, muss erst noch entschieden werden. Ob Demokratie, anders gewendet, das Lebensrecht eines jeden Bürgers, auch des ungeborenen, des schwerst behinderten und des sterbenden, in gleicher und gerechter Weise befördert und achtet, muss erst erwiesen werden. Die Form der Demokratie mit gleicher und gerechter Ausübung von Stimm- und Wahlrecht sagt darüber noch nichts. Oder vielmehr: Die Form der Demokratie ist ein allererster Grundwert gleicher und gerechter Stimmabgabe und Mitsprachemöglichkeit. Die Grundwerte des Lebens und der Freiheit, der Solidarität und der Mitbestimmung müssen dem auf dem Fuße folgen. Und noch etwas leuchtet an dieser Stelle auf: Mehrheiten sind keineswegs aus sich heraus Garant für Wahrheit und Recht. Sie können auch irren und auf Dauer zu einer von Papst Benedikt XVI. als Gefahr erkannten »Diktatur des Relativismus« führen: Wenn alles gleich gültig ist, was wechselnde Mehrheiten beschließen, ist am Ende buchstäblich alles gleichgültig und nur noch von relativen Mehrheiten abhängig. Also braucht es in jeder Demokratie nicht bloß alle vier oder fünf Jahre den mündigen Wahlbürger, sondern 24 Stunden tagtäglich den keineswegs mundfaulen Stimmbürger, der Verstand und Stimme erhebt, wenn der politische Inhalt der demokratischen Grundform mehr dem Schierling als dem Wein zu gleichen beginnt.

In einer globalisierten Welt verstehen wir nicht mehr nur einzelne Staaten, sondern die ganze Welt als Demokratie, jedenfalls vom Anspruch her, unbeschadet menschenverachtender existierender Regime. Denn jeder Mensch auf dieser Welt hat das Recht auf gleiche und gerechte Achtung seiner Würde und Grundrechte und auf Entfaltungsmöglichkeiten seiner Personalität. Und mögen uns auch manchmal asiatische Staaten belehren, solche Anschauungen seien typisch europäisch und anderen Kulturen wesensfremd und nicht vermittelbar – in diesem Punkt ist das alte Europa intolerant gegenüber dem Irrtum. Menschenwürde ist nicht kulturell verhandelbar oder teilbar! Es geht um das Weltgemeinwohl, nicht nur um das Gemeinwohl einzelner Nationalstaaten. Und jede Person auf dieser Welt hat im Mittelpunkt der Demokratie zu stehen und hat daher folgerichtig das Recht, Protest zu erheben gegen scheinbar oder wirklich ungerechte Zustände, gegen Scheinheiligkeiten und Uneinsichtigkeiten, zum Beispiel in der Klima- oder Rüstungspolitik. Und der Christ, der nach dem berühmten Satz im Diognet-Brief des 2. Jahrhunderts nach Christus im Staat wie die Seele im Leib sein soll, darf da durchaus nicht abseits stehen: Er soll motivieren, kritisieren, stimulieren aus dem Glauben an Gottes Liebe für jede menschliche Person.

In diesem Zusammenhang fällt oft das Stichwort des zivilen Ungehorsams gegenüber staatlichen Autoritäten. Bei Licht betrachtet, ist dies eigentlich eine Chimäre, also ein nur im Märchen vorkommendes Fabelwesen, denn die Grenze zwischen Sabotage und Gewalt ist oftmals fließend. Ziviler Ungehorsam kann daher allenfalls ein letztes Mittel im politisch-demokratischen Diskurs sein, und reine Sabotage verändert auf Dauer das Gesicht einer Gesellschaft, denn Demokratie kann auch unmerklich in kaum gebändigte Anarchie abgleiten. Immer muss es um gute Argumente und gewaltfreie Demonstrationen und beharrliche parlamentarische Arbeit gehen – das ist das mühsame Geschäft der Demokratie. Denn jeder darf und muss jedem ein bis zwei unangenehme Fragen stellen – im ureigensten Interesse jedes Menschen auf dieser Welt! Und wenn der Christ solche Fragen nicht stellt – wer dann?

5. Christliche Werte und Religionsfreiheit

Die Trennung von Religion und Politik, von Kirche und Staat gehört zu den Grundprinzipien eines modernen demokratischen Verfassungsstaates. Der freiheitliche und demokratische Rechtsstaat ist religiös und weltanschaulich neutral. Er identifiziert sich mit keiner Religion oder Konfession. Er verzichtet auf jedes Urteil in religiös-weltanschaulichen Fragen, sofern religiöse Lehren oder Praktiken nicht im Widerspruch zu den Grundwerten der Verfassung stehen. Diese religiöse Neutralität des Staates dient der Verwirklichung der Glaubens- und Gewissensfreiheit aller Bürgerinnen und Bürger. Das deutsche Grundgesetz gewährt Religionsfreiheit in Artikel 4, in dem es heißt: »Die Freiheit des Glaubens, Gewissens und die Freiheit des religiösen und weltanschaulichen Bekenntnisses sind unverletzlich. Die ungestörte Religionsausübung wird gewährleistet.«

Unterschieden werden dabei die so genannte positive und die negative Religionsfreiheit. Positive Religionsfreiheit meint die Freiheit des einzelnen Menschen, einen religiösen Glauben zu haben, ihn zu bekennen und seine Lebensführung an den entsprechenden religiösen Geboten auszurichten. Negative Religionsfreiheit beinhaltet das Recht, keinen Glauben zu haben und zu bekennen. Der eigene Glauben oder die eigene Weltanschauung soll vom staatlichen Zwang verschont bleiben. Auch Atheisten und Religionskritiker können sich auf die Religionsfreiheit berufen, in dem Sinn, dass sie der Staat vor einer religiösen Bevormundung schützen muss. Die negative Religionsfreiheit wird beispielsweise durch Kirchenaustrittsgesetze und die Möglichkeit der Abmeldung vom Religionsunterricht sichergestellt.

Der Staat arbeitet – unter dem Gebot der Neutralität, das sich aus der Religionsfreiheit ergibt – mit den organisierten Religionsgemeinschaften zusammen. Die staatskirchenrechtlichen Verträge regeln eine enge Kooperation zwischen Staat und den Kirchen. Zu den wesentlichen Grundlagen gehören die Förderung der Kirchen durch den Staat, vor allem in Form der Einrichtung des Religionsunterrichts als ordentliches und obligatorisches Lehrfach an allen öffentlichen Schulen, die Einrichtung Katholischer und Evangelischer Fakultäten an zahlreichen staatlichen Universitäten und die Zusammenarbeit zwischen Staat und Kirchen auf dem Gebiet der Wohlfahrtspflege, insbesondere mit den Einrichtungen des Deutschen Caritasverbands bei der katholischen Kirche und des Diakonischen Werks bei der evangelischen Kirche.

Die Verbindung von Religionsfreiheit und Staatskirchenrecht trägt dem Gedanken Rechnung, dass die Freiheitsordnung und die demokratische Verfassung auf Religion und damit auf die Mitwirkung der Kirchen angewiesen sind. Dahinter steht die Überzeugung, dass die freiheitliche Ordnung auf etwas angewiesen ist, was das Freiheitswesen selbst gar nicht schaffen kann, sondern was es vorfindet. Gemeint ist, dass die Republik auf der moralischen Zustimmung der Bürger zu ihren Werten und Prinzipien beruht, diese aber nicht erzwingen kann und will. Aus diesem Grund fördert der Staat die gesellschaftliche Mitwirkung der Religionsgemeinschaften und schafft institutionelle Voraussetzungen etwa in Form von Verträgen, um die Religionsgemeinschaften in das öffentliche Leben und die verfassungsmäßige Ordnung aufzunehmen und einzubinden.

Über viele Jahrzehnte war die Mitwirkung der Kirchen im öffentlichen Raum so selbstverständlich wie die Förderung des Staates, christliche Werte als Erziehungsziel im Schulunterricht zu akzeptieren. Die Erziehungsziele schließen in einigen Landesverfassungen die Ehrfurcht vor Gott und christliche Nächstenliebe ein. Der Religionsunterricht ist als einziges Unterrichtsfach in der Verfassung verankert. Diesen Unterricht nennt das Grundgesetz »ordentliches Lehrfach« an den allgemein bildenden und beruflichen Schulen. Der Religionsunterricht in der Schule soll die Schüler befähigen, von ihrem Recht auf Gewissens- und Religionsfreiheit Gebrauch zu machen und in religiösen Fragen urteils- und dialogfähig zu werden. Im konfessionellen Religionsunterricht wird deutlich, dass Religion zur Entscheidung herausfordert und dass gültige Orientierung im Leben nur vor dem Hintergrund einer begründeten Entscheidung gegeben werden kann.

Auch wenn die Politik grundsätzlich von den Kirchen und religiösen Gemeinschaften die aktive Gestaltung des Glaubens und damit die Übernahme gesellschaftlicher Aufgaben wie den Aufbau und den Erhalt von ethischen und kulturellen Werten als Basis jeder Gesellschaft erwartet, nehmen die Meinungsverschiedenheiten zur Ausgestaltung der Religionsfreiheit zu. Die Erosion der kirchlichen Milieus, die gewachsene Präsenz des Islams in Deutschland, zunehmender Pluralismus und Individualismus und die steigende Zahl der Konfessionslosen und Nicht-Gläubigen fordern die weltanschauliche Neutralität des Staates heraus. Der Staat sieht sich immer mehr herausgefordert, die konkurrierenden Grundrechte zu sichern und zu einem Ausgleich zu bringen. In den letzten Jahren wurde dies deutlich in den Diskussionen und gerichtlichen Verfahren um die Kruzifixe in staatlichen Schulen, das Tragen eines Kopftuchs in Schule und Unterricht und die Einführung des Fachs Lebensgestaltung-Ethik-Religionskunde (LER) in Brandenburg als Ersatz für den konfessionellen Religionsunterricht. Ebenso strittig ist die Einführung des islamischen Religionsunterrichts an staatlichen Schulen, weil kein institutioneller Partner auf Seiten der Muslime für den Staat zur Verfügung steht, nach dessen Glaubensgrundsätzen unterrichtet werden könnte. Deshalb sind zum Teil Formen des islamischen Religionsunterrichts entwickelt worden, bei dem allein in staatlicher Verantwortung islamische Religionslehre unterrichtet wird. Diese Form wird unter dem Aspekt der staatlichen Neutralität und der Trennung von Staat und Religion von einigen Stimmen als verfassungsrechtlich problematisch betrachtet.

In der gegenwärtigen religionspolitischen Diskussion fand eine Rede der Bundesjustizministerin Brigitte Zypries Beachtung, die sie im Dezember 2006 an der Berliner Humboldt-

Universität hielt. Sie plädierte für ein neues Nachdenken über Religionsfreiheit und über das Spannungsfeld zwischen staatlicher Neutralität, religiöser Toleranz und einem Mindestmaß an Regeln, »die für alle Menschen ein friedliches Miteinander garantieren«. Auch wenn die Justizministerin nicht ausdrücklich den bekenntnisorientierten Religionsunterricht ablehnte, so votierte sie doch für einen staatlichen Unterricht, in dem »alle Schüler über alle Religionen etwas lernen – und zwar gemeinsam und nicht bekenntnisorientiert«. Sie wies die Kritik an der Einführung eines Pflichtfachs Ethik in Berlin zurück und wandte sich gegen einen Exklusivanspruch der Religionen auf einen Werte-Unterricht. Diese Rede macht deutlich, wie sehr die religiöse Pluralität in Deutschland zu einem veränderten Neutralitätsverständnis des Staates führen kann. In Zeiten, als in der (alten) Bundesrepublik noch mehr als 90 Prozent der Bevölkerung einer christlichen Religionsgemeinschaft angehörten, war das Konfliktpotenzial geringer.

In seinem Urteil zum Tragen des Kopftuchs stellte das Bundesverfassungsgericht im September 2003 in einem Leitsatz fest: »Der mit zunehmender religiöser Pluralität verbundene gesellschaftliche Wandel kann für den Gesetzgeber Anlass zu einer Neubestimmung des zulässigen Ausmaßes religiöser Bezüge in der Schule sein.« Das Gericht eröffnete den Bundesländern ausdrücklich die Möglichkeit, »zu verschiedenen Regelungen zu kommen, weil bei dem zu findenden Mittelweg auch Schultraditionen, die konfessionelle Zusammensetzung der Bevölkerung und ihre mehr oder weniger starke religiöse Verwurzelung berücksichtigt werden dürfen«. Einige Bundesländer wie Baden-Württemberg, Bayern, Hessen und Niedersachsen haben aufgrund des Urteils gesetzliche Regelungen geschaffen. Verboten werden religiöse Symbole, die objektiv geeignet sind, den Schulfrieden oder die Neutralität des Landes zu gefährden, oder den Eindruck erwecken können, mit der Verfassung und den Erziehungszielen in Widerspruch zu stehen. Einige Bundesländer haben in den Vorgaben Sonderklauseln zur Darstellung christlicher und abendländischer Bildungs- und Kulturwerte vereinbart. Sie sollen das Tragen eines Kreuzes durch eine Lehrkraft ermöglichen. Befürworter einer strikten Trennung von Staat und Kirche sehen darin die Bevorzugung einer Religion.

In der juristischen und gesellschaftlichen Debatte um das Tragen des Kopftuchs nahm der frühere Bundespräsident Johannes Rau in einer grundsätzlichen Rede zum Verhältnis von Staat und Religion in Deutschland im Januar 2004 Stellung: »Ich fürchte, dass ein Kopftuchverbot der erste Schritt auf dem Weg in einen laizistischen Staat ist, der religiöse Zeichen und Symbole aus dem öffentlichen Leben verbannt. Ich will das nicht. Das ist nicht meine Vorstellung von unserem seit vielen Jahrhunderten christlich geprägten Land. Dabei ist uns allen doch klar, dass die Frage, ob wir dieses Erbe fortführen, nicht von Bekleidungsvorschriften abhängt. Ob wir weiterhin ein christlich geprägtes Land sind, das hängt allein und zuerst von davon ab, wie viele überzeugte und glaubwürdige Christen es bei uns gibt.«

Für die Kirchen, die Träger und Vermittler religiös begründeter Werte sind, stellen sich heute die Fragen: Was können Christen beitragen, den Willen zum Zusammenhalt in der Gesellschaft zu stärken? Sind christliche Werte auch für nichtchristliche Menschen eine Basis, auf der Koalitionen für eine menschliche Gesellschaft geschmiedet werden können? Gibt es überhaupt noch gemeinsame Ziele in der Gesellschaft? Wie können in der pluralistischen, multikulturellen und individualisierten Gesellschaft verlässliche Fixpunkte formuliert und verankert werden? Wie kann die öffentliche Schule bei ihrer Verpflichtung zur Neutralität gegenüber Weltanschauungen und Religionen überhaupt auf ein Ziel hin erziehen?

Kommentar

Würde eine böse Fee uns zwingen, einzig zwischen der Freiheit und dem Guten zu wählen, so müssten wir die Freiheit wählen (auch wenn diese Wahl unsinnig wäre, da Freiheit und Gutes auf zwei verschiedenen Ebenen sich befinden): Denn die Freiheit ist der Weg, auf dem das Gute einzig gewonnen werden kann. Ja, man kann sogar mit einiger Emphase zuspitzen: Das Gute findet sich überhaupt nur auf dem Weg der Freiheit. Ganz deutlich wird dies im Blick auf das höchste Gut aus christlicher Sicht, die Liebe: Liebe ist strikt an Freiheit gebunden, anders ist sie gar nicht zu finden. Christlich gesehen beruft Gott den Menschen zur Freiheit der Kinder Gottes, will heißen: in Freiheit auf die Liebe Gottes mit eigener Liebe zu antworten. Solche Freiheit hat mit dem Willen zu tun, und daher sprechen wir von Freiwilligkeit: Der Wille zum Guten, zu Gott und seiner Liebe soll das eigene und das gemeinschaftliche Leben in Ordnung bringen, auf der Grundlage des freien Ja zu diesem Guten. Freilich, Gerechtigkeit und Recht sind zur Not erzwingbar, und es ist die Aufgabe des Staates, solches auch zu tun, und nicht auf die freiwillige Tugend des Bürgers zu vertrauen. Aber das Recht und jedes Gesetz lebt von dem zuvor von Menschen erkannten Guten, das in Freiheit gesehen und ergriffen wird. Wir haben als Menschen kein anderes Gefäß, um das überaus kostbare Gut der Gutheit und der Liebe zu verwahren, als die Freiheit. Und die Freiheit freilich kann in vielfältiger Weise missbraucht und pervertiert werden. Daher muss stets überprüft werden, ob die Freiheit noch zum Guten dient und eingesetzt wird, oder ob sie unter der Hand sich bereits verwandelt hat in ein trügerisches Etikett, hinter dem sich schrankenloser Egoismus verbirgt.

Zur grundlegenden Freiheit des Menschen gehört auch die Religionsfreiheit, wie überhaupt die Freiheit zur persönlichen und unverwechselbaren Entfaltung der eigenen Persönlichkeit. Das »Kompendium der Soziallehre der Kirche« unterstreicht daher programmatisch: »Der Wert der Freiheit als Ausdruck der Einzigartigkeit jeder menschlichen Person wird respektiert, wenn jedem Mitglied der Gesellschaft die Möglichkeit zugestanden wird, seine eigene, personale Berufung zu erfüllen; die Wahrheit zu suchen und die eigenen religiösen, kulturellen und politischen Vorstellungen zu artikulieren; seine eigenen Meinungen zu äußern, über seinen eigenen Lebensstand und, soweit möglich, über die eigene Arbeit zu entscheiden; Initiativen wirtschaftlicher, sozialer und persönlicher Art zu ergreifen. Dies alles muss in eine feste Rechtsordnung eingebunden sein und sich innerhalb der Grenzen des Gemeinwohls, der öffentlichen Ordnung und in jedem Fall im Zeichen der Verantwortung vollziehen.« (Nr. 200) Man sieht, wie deutlich Gutheit und Recht, Freiheit und Rechtsordnung miteinander verbunden gesehen werden: Es braucht außerhalb des Paradieses, also im Raum der menschlichen Schwachheit und Sünde, eine Rechtsordnung, die den Grundwasserspiegel des Guten verbürgt und versichert und nicht zulässt, dass individuelle oder gruppenartige Egoismen schwächere Mitglieder der menschlichen Gesellschaft unterdrücken. Aber das Recht auf Freiheitsentfaltung steht dennoch an der Basis allen Rechtes und aller Gerechtigkeit, hier beginnt alles.

Die katholische Kirche hat nach langem Ringen und Suchen mit der Erklärung »Dignitatis humanae« des II. Vatikanischen Konzils die Gewissens- und Religionsfreiheit des Menschen anerkannt, gerade weil die Wahrheit Gottes vom Menschen in Freiheit erkannt werden soll, und nicht unter Zwang. Das heißt aber dann auch, dass einerseits Staat und Gesellschaft einen Menschen nicht zwingen dürfen, gegen das Gewissen oder die religiöse Überzeugung zu handeln, andererseits ein moralisch verbindlicher Rechtsrahmen vom Staat errichtet werden muss, um ein menschliches Zusammenleben zu gewährleisten. Die Menschenrechte gelten unabhängig von religiösen Grundüberzeugungen und sind daher in der Verfassung festgeschrieben. In diesem Sinn könnte man sagen: Was der Staat von seinen Bürgern erwartet, ist – neben dem Willen zur gemeinsamen Sprache als

Basis der Verständigung – der Respekt vor der Verfassung. Verfassungspatriotismus hat man dies einmal genannt, und der Ausdruck ist sperrig, aber treffend: Denn in der Verfassung finden sich die Grundlagen des guten und gerechten Zusammenlebens festgeschrieben, und dies gilt in einer zunehmend multikultureller werdenden Gesellschaft als verbindliche Ordnung für jeden Bürger. In der Folge bleiben freilich stets strittige Fragen, die nicht so sehr das allgemein Gute (der Menschenwürde und der Menschenrechte, letztlich der Goldenen Regel) betreffen, sondern das jeweilig Richtige. »Gut« und »Richtig« sind ja, entgegen landläufigem Sprachgebrauch, keineswegs austauschbare Begriffe. *Gut* bezieht sich auf die tragende und leitende Motivation eines handelnden Menschen und seine konkretere Intention in einem Handeln. *Richtig* dagegen meint eine sachgemäße Umsetzung des als gut Erkannten im konkreten Handeln, oft in einer komplizierten und fast undurchschaubaren Handlungskette.

Dies gilt auch für die Frage der Religions- und Gewissensfreiheit. Das »Kompendium der Soziallehre der Kirche« weist ausdrücklich auf diesen Unterschied hin: »Die richtigen Grenzen der Ausübung der Religionsfreiheit müssen für die jeweilige gesellschaftliche Situation mit politischer Umsicht und gemäß den Forderungen des Gemeinwohls festgelegt und von der zivilen Autorität nach Rechtsnormen ratifiziert werden, die der objektiven sittlichen Ordnung entsprechen.« (Nr. 422) Religions- und Gewissensfreiheit dürfen kein Freibrief für Beliebigkeiten werden; die Grundlage des aufgeklärten Staates ist stets das Naturrecht als Vernunftrecht, nicht eine religiöse oder kirchliche Lehre. Das kommt deutlich zum Ausdruck in der prinzipiellen Trennung von Staat und Kirche, die für den demokratischen Rechtsstaat europäischer Prägung typisch ist. Zwar lebt der Staat von Überzeugungen, die er selbst nicht herstellen kann, diese aber müssen sich dem demokratischen Diskurs und der Diskussion stellen, auch wenn manchmal, wie etwa in Deutschland, einige Konfessionen als privilegiert angesehen werden.

Dies darf jedoch nicht zur Diskriminierung anderer religiöser Gruppen führen. Der Spagat zwischen Gewissensfreiheit und Gesetzeszwang bleibt stets schwierig und für jede Demokratie eine große Herausforderung. Denn der gemeinsame Rechtsraum und seine Ordnung soll ja eine möglichst breite Basis des Zusammenlebens aufgrund gemeinsamer Werte ermöglichen – und soll dennoch den individuellen Freiheiten und Überzeugungen Rechnung tragen. Das muss ständig neu diskutiert und parlamentarisch-politisch ausgefochten werden – auf der Grundlage von Menschenwürde und Menschenrechten.

6. Europa als Kulturraum

Die Europäische Union (EU) steht am Scheideweg ihrer Geschichte. Die alte Begründung für das Werk der nach dem Zweiten Weltkrieg begonnenen Einigung – die Schaffung einer Friedensordnung in Europa mit Hilfe eines Binnenmarktes – ist weitgehend erfüllt. Die neue Begründung für Europas Rolle in der Welt und eine von den Bürgerinnen und Bürgern mitgetragenen Union steht noch am Anfang. Während die Einführung des Euro und die Erweiterungen um die ehemals neutralen Länder Österreich, Finnland und Schweden sowie die Osterweiterung in zwei Schüben 2004 und 2007 gelang, erlebte die EU einen herben Rückschlag: In Frankreich und in den Niederlanden stimmten 2005 die Bevölkerungsmehrheiten gegen den Vertrag über eine Verfassung für Europa. Bleibt die EU nur eine »Freihandelszone de luxe«, ein Staatenbund, der vorrangig darauf ausgerichtet ist, die offenen Grenzen für die Märkte zu sichern? Die Ablehnung des Verfassungsvertrags in zwei »EU-Gründungsländern« machte die Kluft zwischen dem Europa der Politiker und dem der Bürger deutlich. In den Referenden überwogen die Argumente über den bürgerfernen, undemokratischen und intransparenten Zustand der EU.

Und doch setzen viele Länder ihre Hoffnungen in die EU und verhandeln über einen Beitritt. Oben auf der Kandidatenliste stehen Kroatien, Mazedonien und die Türkei. In der zweiten Reihe folgen Albanien, Bosnien und Herzegowina, Montenegro und Serbien, die sich auf die Beitrittsverhandlungen vorbereiten. Das sich für unabhängig erklärte Kosovo bleibt ein Spezialfall, bis der Status des Landes feststeht. Auch Staaten wie Georgien, Moldawien oder die Ukraine, aber auch Island, die Schweiz und Norwegen, könnten eines Tages EU-Mitglieder werden. Ein einheitliches Integrationsmodell für die dann mehr als 30 Mitgliedsstaaten wird schwieriger zu finden sein. Europas östliche Außengrenze hat sich mit dem EU-Beitritt Bulgariens und Rumäniens 2007 weiter verschoben. Sie erreicht nun die ehemaligen sowjetischen Republiken.

Im Frühjahr 2007 hat die EU mehrere Ostinitiativen gestartet, darunter eine »Europäische Nachbarschaftspolitik Plus« (ENP Plus) und eine EU-Zentralasienstrategie. Damit soll der europäische Raum der Stabilität und der wirtschaftlichen Entwicklung über die EU-Grenzen hinaus ausgedehnt werden. Ziele sind vor allem Marktöffnung, die Teilnahme am EU-Binnenmarkt und eine bessere infrastrukturelle Vernetzung mit der EU, der politische Dialog, die Bekämpfung von Kriminalität und die Grenzverwaltung. In Vorschlag gebracht wurden so genannte Modernisierungspartnerschaften mit der Ukraine, Moldawien, Georgien, Armenien und Aserbaidschan sowie Weißrussland. Diese »Nachbarschaftspolitik« versteht sich als Angebot zur Teilnahme an der europäischen Integration, nicht aber als Beitrittsinstrument.

Diese in Umfang und Reichweite historisch einmalige Ausdehnung des geographisch-politischen Raums Europa stellt die innere Verfasstheit der EU in ihren alten Strukturen in Frage. Die Beitrittsverhandlungen insbesondere mit der Türkei und die Entwürfe einer Europäischen Verfassung haben die Diskussion um die kulturelle Identität Europas entfacht und zu einer Neubestimmung der geopolitischen Lage herausgefordert. In einem Sonderbericht der Kommission der Europäischen Gemeinschaften über die Fähigkeit der EU zur Integration neuer Mitglieder und zur Erweiterungsstrategie heißt es: »In den letzten Jahren wurde die Frage nach den endgültigen Grenzen der Europäischen Union gestellt. Durch diese Diskussion ist die Kommission zu einer Reihe von Schlussfolgerungen gelangt. Der Begriff ›europäisch‹ setzt sich aus geographischen, historischen und kulturellen Elementen zusammen, die alle zur europäischen Identität beitragen. Die gemeinsame Erfahrung von Ideen, Werten und historischen Wechselwirkungen lässt sich nicht zu einer einfachen, zeitlosen Formel verdichten, sondern unterliegt der Neuauslegung durch jede nachfolgende Generation.« Rechtsgrundlage der Erweiterung ist Artikel 49 des Vertrags über die EU, der besagt: »Jeder europäische Staat, der die in Artikel 6 Absatz 1 genannten Grundsätze achtet, kann beantragen, Mitglied der Union zu werden.« Dies bedeutet allerdings weder, dass jedes europäische Land einen Beitrittsantrag stellen, noch dass die EU jedem Antrag stattgeben muss. Die EU will sich in erster Linie nach ihren Werten definieren.

Seit 1963 hat die Türkei den Status eines assoziierten Mitglieds der damaligen Europäischen Wirtschaftsgemeinschaft, und seither klopft das Land an die Tür der EU und bittet um Mitgliedschaft. Im Mittelpunkt der politischen Debatte über eine EU-Mitgliedschaft der Türkei stehen dabei nicht so sehr die ökonomischen Unterschiede zwischen der EU und der Türkei, sondern mögliche kulturelle Differenzen und Defizite bei der Anpassung der Türkei an die so genannten westlichen Werte. Der bereits zitierte Sonderbericht der Kommission der Europäischen Gemeinschaften erkennt noch fehlende europäische Standards in der Türkei und erwartet Reformen des Landes: »Neben dem Recht auf freie Meinungsäußerung bedarf es weiterer Bemühungen um die Stärkung der Religionsfreiheit, der Rechte der Frauen und Minderheiten sowie der Gewerkschaftsrechte. Über das Militär muss eine zivile demokratische Kontrolle ausgeübt werden, und der Reformgeist muss sich im Gesetzesvollzug und in der gerichtlichen

Praxis stärker widerspiegeln. Gleichzeitig muss die Türkei die ernsten wirtschaftlichen und sozialen Probleme im Südosten angehen und dafür sorgen, dass die kurdische Bevölkerung in den uneingeschränkten Genuss ihrer Rechte und Freiheiten gelangt.« Was die Religionsfreiheit anbetrifft, so wurde in der Türkei die Annahme eines Gesetzes, das die Lage der religiösen Minderheiten verbessern sollte, mehrfach verschoben. Nichtmuslimische Glaubensgemeinschaften haben in der Türkei erhebliche Schwierigkeiten, ihre Religion öffentlich auszuüben.

Gegner eines EU-Beitritts der Türkei führen als Argument die fehlende europäische Identität des Landes an. Für sie ist Europa das Erbe des christlichen Abendlands, europäische Länder sind von mehr als 1000 Jahren christlichen Glaubens und Theologie geprägt. Die europäischen Länder sind in ihrer Geschichte maßgeblich durch die jüdisch-griechisch-römische Antike, insbesondere die Entwicklung und Anwendung des Römischen Rechtes, durch die Reformation und Aufklärung sowie durch die konstitutive Trennung von Kirche und Staat beeinflusst. Die Türkei als ein vom Islam geprägtes Land steht auf anderen Fundamenten und Prinzipien. Befürworter des Beitritts warnen vor einer Abschottung und betonen, dass die kulturellen Grenzen Europas nicht einfach nach dem Verlauf der Geschichte zu ziehen sind. Dies gilt in besonderem Maß für Kleinasien.

Die EU versteht sich nach ihren Grundlagenverträgen und Gesetzesanwendungen als eine Wertegemeinschaft, die selbst keine spezifische religiöse Orientierung bevorzugt und entsprechend religiös ungebunden ist. Obwohl bislang alle Mitgliedsländer der EU in einer christlichen Tradition stehen, fehlt in dem Verfassungsentwurf beziehungsweise im Grundlagenvertrag der Verweis auf das Christentum oder auf Gott. Die EU achtet die Religionen und verbietet Diskriminierungen auf Grund von Religion. Die Union versteht sich als säkulare Wertegemeinschaft, die sich für die Trennung von Religion und Gesellschaft ausspricht. Sie weist der Religion ihren ausdifferenzierten Platz in der Gesellschaft zu und schützt diesen. Die EU betont Religionsfreiheit und befürwortet einen religiösen Pluralismus.

Gerade der fehlende Hinweis auf das jüdisch-christliche Erbe in Europa und die im Zug der Verfassungs-Verhandlungen abgelehnte Aufnahme des Gottesbezugs stoßen bei den Kirchen und den christlich-demokratisch geprägten Parteien auf Kritik. Diese fordern auf, die christlichen Wurzeln Europas nicht zu vergessen, und betonen den christlichen Charakter Europas. Papst Benedikt XVI. hat in einer Ansprache auf einem Kongress der Kommission der Bischofskonferenzen der Europäischen Gemeinschaft 2007 davor gewarnt, beim Bauen eines ›gemeinsamen Hauses Europa‹ auf die christliche Identität der Völker des Kontinents zu verzichten. Diese Identität sei in erster Linie geschichtlich, kulturell und moralisch und erst dann geographisch, wirtschaftlich oder politisch zu verstehen: »Diese Identität besteht aus einem Ensemble an universellen Werten, die vom Christentum mitgeprägt wurden. Damit hat das Christentum nicht nur eine historische, sondern auch eine gründende Rolle für Europa. Diese Werte bilden die Seele des Kontinents. Sie müssen im Europa des dritten Jahrtausends als ›Sauerteig der Zivilisation‹ erhalten bleiben.« Der ungarische Schriftsteller und Nobelpreisträger für Literatur, Imre Kertész, beklagt die fehlende ethische Dimension bei der Suche nach der Identität Europas: »Eine Zivilisation, die ihre Werte nicht deutlich erklärt oder ihre erklärten Werte im Stich lässt, geht den Weg des Verfalls, der Altersschwäche. Dann werden bald andere diese Werte verkünden, und in den Mündern dieser anderen werden sie nicht mehr Werte sein, sondern Vorwände zu uneingeschränkter Macht und Zerstörung.«

Unter dem Titel »Charta Oecumenica« haben der Rat der Europäischen Bischofskonferenzen und die Konferenz Europäischer Kirchen 2001 in Straßburg ihre gemeinsame Verantwortung in Europa festgeschrieben. Die Kirchen haben sich darin verpflichtet, sich für ein humanes und soziales Europa einzusetzen, in dem die Menschenrechte und Grundwerte des Friedens, der Gerechtigkeit, der Freiheit, der Toleranz, der Partizipation und der Solidarität zur Geltung kommen. Sie sprechen darin von einer Kultur der Barmherzigkeit und warnen vor einem Eurozentrismus. Sie wollen ebenso jedem Versuch widerstehen, »Religion und Kirche für ethnische und nationalistische Zwecke zu missbrauchen«. In der Erklärung verpflichten sich die Kirchen, die Gemeinschaft mit dem Judentum zu vertiefen und Beziehungen zum Islam zu pflegen.

Kommentar

Ist Europa mehr als eine historische Zufälligkeit oder eine geographische Kuriosität? Verbindet sich mit Europa ein roter Faden von Grundüberzeugungen, ein festes Wertgerüst, ein Haus mit verschiedenen Wohnungen und Mentalitäten und doch auf gemeinsamem Fundament erbaut? Es ist nicht einfach, unvoreingenommen auf solche Fragen zu antworten. Ein Versuch sei gemacht aus der christlichen Perspektive. Sicherlich ist Europa als Idee nicht einfach identisch mit dem Christentum, das seinerseits ja wieder nicht einfach vom Himmel fällt, sondern erwächst aus der jüdischen Überlieferung und dem israelitischen Glauben an Jahwe, und sich zugleich verbindet mit der typisch griechisch-römischen Idee der Person und ihrer Seele als Grundlage jeder politischen Gemeinschaft. Wenn man einen Begriff wählen müsste, um Europa und seine Idee von Mensch und menschlicher Gemeinschaft zu kennzeichnen, so könnte man den Begriff der Person herausgreifen. Hier scheint sich die wesentlichste Grundüberzeugung der europäischen Kultur und Geschichte zu bündeln: Dass jeder Mensch mehr ist als nur eine verwertbare Funktion, dass er nicht aufgeht in Leistung und Berechenbarkeit, dass er eine unsterbliche Seele hat und darin der Grund seiner Würde liegt. Dieser Begriff von Personalität hat ethische und rechtliche Verantwortung zur Folge, und zugleich kommt damit der Begriff von Sünde und Schuld in den Blick. Die menschliche Person schuldet sich selbst und jeder anderen Person Achtung und Respekt, ja mehr noch: Der Mensch kann gar nicht leben ohne den Willen zur Liebe und zum Wohlwollen gegenüber jeder anderen Person. Hier freilich wird dann schon die christliche Grundüberzeugung gestreift, dass der Mensch nicht einfach ein zufälliges Produkt der Evolution ist oder bloß ein Konkurrent im Kampf mit mitmenschlichen Wettbewerbern um den besten Platz an der Sonne, sondern dass der Mensch sein letztes Ziel und seine letzte Erfüllung in der vorbehaltlosen Liebe zum Mitmenschen findet. Und: Dass jeder Mitmensch vom Wesen her, als Gottesebenbild, liebenswert ist und darin seine unantastbare Würde begründet ist.

Die katholische Soziallehre bündelt ihr Nachdenken über die gute und gerechte Ordnung des Lebens von Menschen in den vier Grundprinzipien von Personalität, Solidarität, Subsidiarität und Gemeinwohl. Vielleicht darf man zu Recht in diesen vier Prinzipien die vier Ecksteine des Hauses Europa sehen. Denn die Personalität des Menschen führt zu der Pflicht zur Solidarität, gerade mit den Armen und Schwachen und Ausgegrenzten, und führt dann folgerichtig zum Recht auf Subsidiarität, also zur Regelung des gemeinschaftlichen Lebens in den kleinen Einheiten von Ehe und Familie, Nachbarschaften und Kommunen. Und das Prinzip des Gemeinwohls betont das uralte Ziel der Gerechtigkeit, das sowohl in jüdischer wie auch in griechischer Tradition die Idee des Guten prägt, und den gerechten Staat von einer Räuberbande unterscheidet: Staat und Politik haben die Aufgabe, jeder Person, der geborenen wie der ungeborenen, in ihrer Individualität gerecht zu werden und Recht zukommen zu lassen, zuallererst das Recht auf Leben und körperliche Unversehrtheit. Dass die Person Vorrang vor dem Kollektiv hat und zugleich nicht aufgeht in ihrer vereinzelten Individualität, sondern Erfüllung erst findet in Liebe – das scheint eine maßgebliche europäische Grundüberzeugung zu sein. Das Christentum, dem Europa so vieles verdankt, bündelt diese Überzeugung im Begriff und in der Offenbarung Gottes in Jesus Christus. Dort wird die unbedingte Liebe sichtbar und personal fassbar, nach der jede menschliche Person sich mit allen Fasern ihres Daseins sehnt. Und dort wird zugleich das letzte Ziel sichtbar, das sich hinter dem politischen Ziel der Gerechtigkeit verbirgt: die ewige Gemeinschaft in Gottes Liebe.

7. Ehe und Familie

Die Ehe soll rechtlich konkurrenzlos bleiben. Dies wurde in einer öffentlichen Sitzung des Petitionsausschusses des Deutschen Bundestags im Herbst 2007 deutlich. Thema war der rechtliche Status nichtehelicher Lebensgemeinschaften. Unter anderem forderte ein Antragsteller, eindeutige und verständliche Kriterien für die nichteheliche Lebensgemeinschaft zu definieren sowie die »gegenwärtige Schlechterstellung« gegenüber der Ehe zu beseitigen. Der Petitionsausschuss erkannte die nichteheliche Lebensgemeinschaft zwar als »gesellschaftliche Realität« an. Er betonte jedoch auch mit Verweis auf eine Entscheidung des Bundesverfassungsgerichts vom Juli 2002, dass der verfassungsrechtliche Schutz der Ehe dem Gesetzgeber verwehre, ein neben der Ehe bestehendes gleichwertiges Rechtsinstitut zu schaffen. Verbesserungen für nichteheliche Lebensgemeinschaften, stellte der Petitionsausschuss klar, wären aber nicht »völlig ausgeschlossen«. Bereits in den vergangenen Jahren sind rechtliche Neuerungen für nichteheliche Lebensgemeinschaften erzielt worden.

Wie kann die Ehe konkurrenzlos bleiben, wenn der besondere Status der Ehe zunehmend in Frage gestellt wird? Was bedeutet heute noch der im Artikel 6 des Grundgesetzes verankerte Satz: »Ehe und Familie stehen unter dem besonderen Schutz der staatlichen Ordnung?« In der Gesellschaft hat die Ehe ihre traditionelle Bedeutung weitgehend eingebüßt. Sichtbar wird dieser Wandel darin, dass Ehen kaum noch eine höhere Wertschätzung erfahren als Partnerschaften ohne Trauschein. Für die Wahl zwischen den beiden Formen dominieren immer mehr pragmatische Gründe. Heute kommen fast 30 Prozent der Kinder außerehelich zur Welt. Es gibt viele Single-Haushalte, so genannte Patchwork-Familien und Lebensabschnittspartnerschaften. Die sich vermindernde Zahl von Ehen, die Häufigkeit von Scheidungen, die hohen Raten von außerehelichen Geburten und die Zahl der Alleinerziehenden belegen, dass die gegenseitige Bindung in einer auf Lebensdauer angelegten Verantwortungs- und Beistandsgemeinschaft nicht mehr als die alleinige und selbstverständliche Grundlage der Familie angesehen wird.

Die Bedeutung der Ehe und Familie für die Gesellschaft betonen besonders die Kirchen. Sie beklagen die Abtrennung der Ehe vom allgemeinen Familienbegriff. Besonders für die katholische Kirche ist die auf Ehe gegründete Familie die – im Blick auf andere Partnerschaftsformen – weitaus stabilste Grundlage für das menschliche Zusammenleben. Sie sieht diese als die beste Voraussetzung für die Erziehung von Kindern an, ohne mit dieser Aussage andere Familienformen wie die der Alleinerziehenden diskriminieren zu wollen. Die heute von allen Parteien benutzte Formel »Familie ist da, wo Kinder sind« greift nach Ansicht der Kirche zu kurz, auch wenn die darin zum Ausdruck kommende Sorge um die Kinder begrüßt wird. Die Abtrennung des Familienbegriffs von der Ehe schafft Probleme, wenn eine solche ›Familie‹ von ihrer Struktur her keinen wirklichen, dauerhaften Raum des Schutzes und der Geborgenheit darstellen kann. In der Ehe sind dieser Schutz und diese Verlässlichkeit grundsätzlich gegeben, auch wenn diese im einzelnen Fall versagt.

Auch Erwachsene brauchen nach Ansicht von Kirchenvertretern Verlässlichkeit und Treue, die auch dann nicht aufhört, wenn es im Leben einmal schwierig wird. Der Erfurter Bischof Joachim Wanke meinte zur gesellschaftlichen Bedeutung der Ehe: »Auf die Bedeutung der Ehe für die Familie zu pochen, ist nicht nur ein kirchliches Sonderanliegen. Den Trauschein als Bagatelle abzutun, ist Torheit. Die Mehrzahl der Menschen, auch der jungen Menschen, möchte eine Verbindung in Treue und lebenslanger Verlässlichkeit. Warum schämen sich Politiker, dafür auch politisch einzustehen?«

In der Politik hat sich die Tendenz verstärkt, die Ehe nicht mehr als selbstverständliche Grundlage der Familie anzusehen. Die Familienpolitik schweigt meistens zum Thema Partnerschaft und Ehe. Mehrheitlich gilt die Auffassung: Die Menschen sollen jeder nach ihrer eigenen Facon leben. Der Begriff Familie ist weithin von der Ehe entkoppelt. Die Mehrheit der Juristen definiert den Schutzbereich der Familie so: Familie ist die umfassendste Gemeinschaft zwischen Eltern und Kindern, unabhängig davon, ob die Eltern verheiratet sind, das Kind aus einer ehelichen oder nichtehelichen Gemeinschaft kommt, leibliches Kind oder Adoptiv- oder Pflegekind ist. Umstritten ist, ob nur die Kleinfamilie oder auch die Familie im weiteren Sinn, wie die Großfamilie, geschützt ist.

Dass die im Grundgesetz festgeschriebene Norm, nach der Ehe und Familie gleichermaßen geschützt sind, einer Erosion unterliegt, zeigt ein Blick in die Grundrechte-Charta der Europäischen Union: In Bezug auf Ehe und Familie widmet die Charta den freiheitsrechtlichen Aspekten, zu heiraten und eine Familie zu gründen einerseits, und dem rechtlichen, wirtschaftlichen und sozialen Schutz andererseits, zwei getrennte Vorschriften. Der besondere staatliche Schutz bezieht sich nach der Charta nur noch auf die Familie und nicht mehr auf die Ehe. Dagegen besteht nach deutschem Verfassungsrecht sowohl zugunsten der Ehe als auch zugunsten der Familie nicht nur eine Freiheitsgarantie, sondern auch die Pflicht des Staates zu Schutz und Förderung.

Neben den verfassungsrechtlichen Perspektiven berührten in den letzten Jahren zwei Themen den Schutz von Ehe und Familie: Zum einen geht es um die Anforderung einer verfassungskonformen Besteuerung von Ehe und Familie, zum anderen um das Gesetz über die Eingetragene Lebenspartnerschaft oder kurz Lebenspartnerschaftsgesetz. Über die zunächst von SPD und Bündnis 90/Die Grünen 2001 forcierten und später von der FDP unterstützten gesetzlichen Regelungen zur Beendigung der Diskriminierung gleichgeschlechtlicher Partnerschaften urteilte das Bundesverfassungsgericht in seinem Grundsatzurteil am 17. Juli 2002: Danach ist die im Lebenspartnerschaftsgesetz begründete Lebenspartnerschaft keine Ehe im Sinne des Artikel 6 Absatz 1 des Grundgesetzes. Das Gesetz verstoße nicht gegen den grundgesetzlich verankerten Schutz von Ehe und Familie. Das Gericht stellte fest: »Der besondere Schutz der Ehe in Art. 6 Abs. 1 GG hindert den Gesetzgeber nicht, für die gleichgeschlechtliche Lebenspartnerschaft Rechte und Pflichten vorzusehen, die denen der Ehe gleich oder nahe kommen. Dem Institut der Ehe drohen keine Einbußen durch ein Institut, das sich an Personen wendet, die miteinander keine Ehe eingehen können.«

Das Bundesverfassungsgericht begründete sein Urteil mit den seinerzeit mindestens 47.000 gleichgeschlechtlichen Paaren, die zusammenlebten. Es berief sich auf eine Studie, nach der sich »gleichgeschlechtliche Paare in ihren Erwartungen an die Partnerschaft, deren Dauerhaftigkeit, ihre gegenseitige Unterstützungsbereitschaft und an das Einstehen füreinander nicht wesentlich von denen verschiedengeschlechtlicher Paare unterscheiden. Mehr als die Hälfte der in gleichgeschlechtlichen Lebensgemeinschaften lebenden Befragten äußerten den Wunsch, in einer rechtsverbindlichen Partnerschaft zu leben.«

Vornehmlich die katholische Kirche und ein Teil der CDU/CSU-Politiker kritisierten diese Entscheidung. Sie sprachen von einer dramatischen Verschiebung im Wertebewusstsein der Gesellschaft. Die Ehe werde mehr und mehr zu einer beliebigen Lebensform. Die Richter hätten keine substanziellen Grenzen zwischen Ehe und homosexuellen Lebenspartnerschaften gesetzt. Da die gleichgeschlechtliche Partnerschaft faktisch der Ehe gleichgestellt werden kann, werde gerade dieser Vorrang beschädigt, meinten die Kritiker. Auch die Glaubenskongregation des Vatikan wandte sich in dem 2003 verfassten Schreiben »Erwägungen zu den Entwürfen einer rechtlichen Anerkennung der Lebensgemeinschaften zwischen homosexuellen Personen« gegen die Anerkennung gleichgeschlechtlicher Partnerschaften in einigen westeuropäischen Ländern und US-Bundesstaaten. Sie formulierte eigens Verhaltensweisen für die katholischen Politiker. Danach habe der katholische Parlamentarier »die sittliche Pflicht, klar und öffentlich seinen Widerspruch zu äußern« und gegen die entsprechenden Gesetzesentwürfe zu votieren. Die neueren programmatischen Aussagen von CDU und CSU sprechen mittlerweile von einer Anerkennung von homosexuellen Lebenspartnerschaften. Im 2007 verabschiedeten Grundsatzprogramm erkennt die CDU an, dass auch in gleichgeschlechtlichen Partnerschaften »Werte gelebt werden, die grundlegend für unsere Gesellschaft sind«. Eine Gleichstellung mit der Ehe zwischen Mann und Frau als »Kern der Familie« lehnt die CDU ebenso ab wie ein Adoptionsrecht für gleichgeschlechtliche Paare.

In der politischen Diskussion wird vermehrt die Forderung erhoben, vor allem Familien, aber nicht so sehr kinderlosen Ehepaaren, staatliche Förderung zukommen zu lassen. Angesichts der Tatsache, dass etwa ein Drittel der Ehepaare – gewollt oder ungewollt – kinderlos bleiben, wird darüber debattiert, das Ehegattensplitting durch ein Familiensplitting zu ersetzen. Das Ehegattensplitting ist eine besondere Form der Steuerberechnung für zusammen veranlagte Ehepartner. Dabei werden die Einkommen der beiden Eheleute für die Berechnung der Einkommenssteuer addiert und danach halbiert (gesplittet). Für das halbierte Einkommen wird die Einkommensteuer berechnet und danach verdoppelt.

Als das Modell des zumeist allein erwerbstätigen Ehemanns und der die Familienarbeit leistenden Ehefrau die Regel war, stellte diese Regelung lange Zeit eine allgemein akzeptierte Förderung der Familie dar. Mittlerweile wird diese steuerliche Vergünstigung aufgrund der vielen kinderlosen Ehepaare angezweifelt. Favorisiert wird von einigen Politikern mittlerweile das Familiensplitting. Dabei wird das Familieneinkommen nicht nur auf die Eheleute beziehungsweise bei Einbeziehung nichtehelicher Lebensgemeinschaften auf die Lebensgefährten aufgeteilt, sondern auch auf die Kinder.

Nach den bisherigen Modellen können besonders Familien mit sehr hohen Einkommen und mehreren Kindern davon profitieren. Familien mit kleinen oder mittleren Einkommen dagegen haben nach den Berechnungen kaum Vorteile, weil sich ihr Einkommen in einer niedrigen Besteuerung befindet und sie schon heute kaum Steuern zahlen. Allgemein wird ein Ausgleich sozialer Benachteiligung der Familien eingefordert. So urteilte das Bundesverfassungsgericht, dass es gegen den Gleichheitsgrundsatz verstößt, wenn einer Familie mit Kindern anders als einem kinderlosen Ehepaar nicht das Existenzminimum sämtlicher Familienmitglieder steuerfrei belassen wird. Grundsätzliche Vorgabe an die Politik ist, das Nebeneinander von Beruf und Familie steuerrechtlich nicht zu benachteiligen und in den Sozialversicherungen Familien mit Kindern gegenüber kinderlosen Versicherten nicht zu belasten. Ein Beispiel dafür ist die unterschiedliche Bemessung von Kinderlosen und Familien in der Pflegeversicherung.

Kommentar

Im Jahre 1979 war in der deutschen Wochenzeitung »Die Zeit« ein bemerkenswerter Artikel von zwei politischen Mitarbeitern des Bundeskanzleramtes zu lesen, der aus heutiger Sicht wie eine besonders gruselige Persiflage anmutet. Kaum ernst zu nehmen – oder doch etwa? Tenor des Artikels war damals, unter dem vielsagenden Titel »Babys – der Rente wegen?«: Rechnungen über die Kosten der Kinderarmut oder sogar der zunehmenden Kinderlosigkeit seien ein besonders schäbiger Aufguss nationalsozialistischer Bevölkerungspolitik. Kinderlosigkeit sei hingegen vielmehr ein Ausdruck des modernen Lebensgefühls, zu erwarten sei daher nichts weiter als ein allmähliches Gesundschrumpfen der bundesrepublikanischen Bevölkerung. Hier führte, aus heutiger Sicht, handfeste Ideologie die verwirrte Feder, aber auch – und fast noch unverzeihlicher – offenkundiger politischer und ökonomischer Unverstand. Denn auch wenn, wie vor einiger Zeit die »Frankfurter Allgemeine Zeitung« leicht angewidert kommentierte, zurzeit manche »Exzesse des politisierten Kinderwunsches« dazu führen, dass Politiker in Talkshows unverblümt mit der Enkelzahl prahlen, Ökonomen den Wert von Kindern mittels des Kindergelds errechnen und »Sozialpolitiker mit Rentenformeln in die Schlafzimmer einmarschieren« (so am 24. März 2007 auf der ersten Seite des Feuilleton) – eine Gesellschaft ohne Kinder ist eine sterbende Gesellschaft.

Wohlgemerkt: Eine Gesellschaft ist hier gemeint, nicht ein Staat. Ob nämlich ein Staat schrumpft oder gar vergeht und buchstäblich ausstirbt, das ist nicht das eigentliche Problem, schon gar nicht ein Problem der Ethik. Staaten kommen und gehen, und das Schwinden der Deutschen (oder beliebiger anderer Nationen) ist aus theologisch-ethischer Sicht nicht zu diskutieren. Aber hier geht es ethisch um weit mehr: Es handelt sich nämlich um das Zusammenleben von Menschen in einer Gesellschaft, die, wie es der heilige Augustinus in seinem großen Werk »Vom Gottesstaat« so meisterhaft auf den Punkt bringt, nach dem Brudermord von Kain an Abel eben nicht mehr einfach und von Natur aus – wie Rousseau in unheiliger Naivität meinte – zusammenlebt in einer Gemeinschaft, sondern vielmehr der Ordnung und des inneren Gefüges bedarf.

Mit einem Wort: Es braucht einen festen Zustand der Gerechtigkeit gegenüber jedem Mitglied der Gesellschaft, gegenüber jeder Person. Von diesem Zustand der Gerechtigkeit – lateinisch: »status iustitiae«! – hat der Staat seinen Namen, und es kennzeichnet seine einzige und vornehmste Aufgabe, diese Gerechtigkeit zu befördern und zu versichern, und jedem Hilfe zu leisten – lateinisch: »subsidium«, wovon das Prinzip der Subsidiarität seinen Namen hat – um gerecht und menschenwürdig leben zu können.

Die erste Gerechtigkeit aber besteht darin, dass jeder Mensch das Recht hat, geliebt zu werden, und nicht einfach nur nach Preis, Arbeitskraft, Schönheit oder Lautstärke bewertet und geschätzt zu werden. In den Worten Immanuel Kants: Der Mensch unterscheidet sich dadurch vom Tier, dass er mehr als einen Preis und einen Wert hat, nämlich eine Würde. Und dieser Würde, das ist der springende Punkt, wird er nur durch Liebe ansichtig.

Solche Liebe erfährt der Mensch zuerst und prägend als Kind in der Familie. Und nur dann kann er später diese Liebe selbst weitergeben. Und nur dann kann solche Liebe als Solidarität zwischen den Generationen auch als Generationenvertrag und Solidarversicherung organisiert werden. Ehe und Familie lehren Liebe und Personalität – kein Mensch nämlich weiß sich vom Gesetz und dessen Gerechtigkeit geliebt, von Finanzämtern oder Verkehrsregeln, sondern von diesen immer nur (aber immerhin und notwendig) gerecht behandelt. Der Staat verbürgt die Gerechtigkeit als Grundwasserspiegel gleichsam eines menschenwürdigen Lebens, aber er baut auf Ehe und Familie und setzt sie stillschweigend voraus, da hier (und nur hier) jener Raum der Gerechtigkeit und des gerechten Austausches von bloßen Interessen und Zugewinngemeinschaften überschritten und erweitert wird, hin zu dem, was auch der Staat aus augustinischer Sicht letztlich als Ziel aus der Ferne im Auge haben soll: ungeschuldete und unbedingte Liebe. Daher bedeutet es mitnichten eine Diskriminierung anderer Lebensformen, wenn der Staat gerade die heterosexuelle lebenslange Ehe und deren Familie besonders schützt und fördert, auch und gerade finanziell. Denn nur dort wird das erlernt und begriffen, was keine noch so gut gemeinte staatliche Maßnahme später beibringen oder gar erzwingen kann: dass der Mensch von der freien Zuwendung des anderen Menschen lebt und darin ein Glück zu finden wagt, das keinen Preis mehr kennt.

Das »Kompendium der Soziallehre der Kirche« unterstreicht daher in der Nr. 211 lapidar und schlicht: »Erleuchtet vom Licht der biblischen Botschaft betrachtet die Kirche die

Familie als die erste natürliche Gesellschaft mit ihren eigenen und ursprünglichen Rechten und stellt sie ins Zentrum des sozialen Lebens: Die Familie in eine untergeordnete und nebensächliche Rolle zu versetzen, sie aus der ihr in der Gesellschaft gebührenden Stellung auszuschließen, heißt, dem echten Wachstum des Sozialgefüges einen schweren Schaden zuzufügen.«

Oder anders: Wie lernt ein Mensch wirkliche Liebe in seinem allzu kurzen Leben? Das ist die einzig entscheidende Frage, auch und gerade für den Staat. Und deswegen (und nicht aus demographischen Gründen) sind Ehe und Familie Keimzelle eines jeden Staates.

8. Familienpolitik und Recht auf Bildung

Umfragen belegen, dass sich die allermeisten Deutschen ein Leben mit Kindern wünschen. 90 Prozent der jungen Frauen und Männer haben vor, eine Familie zu gründen. Doch die Paare realisieren ihren Kinderwunsch erst sehr spät oder gar nicht. Etwa 40 Prozent der Akademikerinnen bleiben kinderlos. Die Gründe für die geringe Geburtenziffer sind vielfältig und werden oft auf Egoismus und Karrierestreben verkürzt. In vielen Fällen fallen Familiengründung und berufliche Integration in ein enges und spätes Zeitfenster. Junge Menschen möchten nach ihrer Ausbildung zunächst auf dem Arbeitsmarkt Fuß fassen und eine ökonomische Unabhängigkeit erreichen. Auch durch die im europäischen Vergleich langen Ausbildungszeiten kommt es in Deutschland oft erst um das 30. Lebensjahr zu einer Familiengründung. Durch diesen Aufschub der Familiengründung bekommen Paare oft nur ein Kind. Die Wahrscheinlichkeit, dass weitere Kinder geboren werden, sinkt. Das seit Anfang der 1970er Jahre festzustellende Geburtendefizit stellt in vielerlei Hinsicht den Generationenvertrag in Frage, auf dem das System der Sozialversicherung beruht. Durch die geringe Geburtenrate – sie liegt seit Jahren bei etwa 1,3 Prozent und damit deutlich unter dem Reproduktionsniveau einer Gesellschaft von 2,1 Prozent – unterliegt die deutsche Gesellschaft einem stetigen Alterungsprozess.

In Anbetracht dieser Herausforderung setzt die Politik auf eine aktive und nachhaltige Familienpolitik. Erklärtes Ziel der Bundesregierung ist es, mehr Kinder in die Familien und mehr Familien in die Gesellschaft zu bringen. Seit einiger Zeit ist die Familienpolitik darauf ausgerichtet, Familien zu unterstützen, die Vereinbarkeit von Familie und Beruf zu fördern und dabei zu helfen, dass Lebensentwürfe mit Kindern realisiert werden können. Die Lebenswünsche der übergroßen Mehrheit sehen vor, Elternschaft und Erwerbstätigkeit miteinander in Einklang zu bringen. Familien brauchen dazu vor allem drei Dinge: Zeit, eine unterstützende Infrastruktur und Einkommen.

Aus diesem Grund hat die Bundesregierung seit 2006 einen Paradigmenwechsel eingeleitet. Sie richtet ihre Familienpolitik verstärkt auf den Ausbau einer wirksamen, Familien und Kinder unterstützenden Infrastruktur für Bildung und Betreuung, sowie auf Maßnahmen zur Erwerbsintegration von Frauen und für eine bessere Balance von Familie und Arbeitswelt aus. Das Bundesfamilienministerium stellte fest: »Es ist heute keine Frage mehr, ob Frauen arbeiten, und es ist auch keine Frage mehr, dass dies ökonomisch sinnvoll ist. Die Frage ist heute, ob unter den derzeitigen gesellschaftlichen Rahmenbedingungen diese Frauen die Kinder überhaupt bekommen wollen, die sie sich wünschen. Die Entscheidung für Familie und für Kinder ist immer individuell und privat. Der Staat kann und will diese Entscheidung nicht vorschreiben. Aber er kann Bedingungen schaffen, die dazu beitragen, dass die Menschen ihre Familienwünsche realisieren können, ohne in einen Zwiespalt zu geraten.«

Zu den wesentlichen Neuerungen der Familienpolitik gehören das seit Januar 2007 eingeführte Elterngeld und der

Ausbau der Betreuung für unter dreijährige Kinder. Deutschland verfügt bereits über ein gutes Angebot an Kinderbetreuung für die drei- bis sechsjährigen Kinder, der Rechtsanspruch kann überall realisiert werden. Für die unter dreijährigen Kinder, deren Eltern nach dem Elterngeldbezug ein Betreuungsangebot suchen, sollen bis 2013 ebenfalls ausreichend Plätze in den Einrichtungen für Kinder und in der Tagespflege geschaffen werden. 750.000 Betreuungsplätze soll es bis dahin geben. Es wird kalkuliert, dass dann für jedes dritte Kind ein Platz zur Verfügung steht. Zwölf Milliarden Euro kosten diese neuen Krippenplätze. Die Länder haben der bundesweiten Einführung eines Rechtsanspruchs auf ein Betreuungsangebot für alle Kinder vom vollendeten ersten bis zum dritten Lebensjahr mit Beginn des Kindergartenjahres 2013/2014 zugestimmt. Ab 2013 soll für diejenigen Eltern, die ihre Kinder von ein bis drei Jahren nicht in Einrichtungen betreuen lassen wollen oder können, eine monatliche Zahlung, zum Beispiel ein Betreuungsgeld, eingeführt werden.

Der Staat fördert die wirtschaftliche Sicherung von Familien nach der Geburt des Kindes durch ein Elterngeld. Es orientiert sich am Erwerbseinkommen der Betreuungsperson und sichert damit auch den betreuenden Partner ab. Mit dem Elterngeld, das zu bis 14 Monate bezogen werden kann, reagiert der Staat erstmals darauf, dass eine Frau oder ein Mann den Beruf eine Zeit zurückstellt, um sich um die Kinder zu kümmern, ohne deshalb den Beruf aus den Augen zu verlieren. Es ersetzt 67 Prozent des nach der Geburt des Kindes wegfallenden Erwerbsnettoeinkommens bis maximal 1800 Euro. Zugleich bekommen alle anspruchsberechtigten Eltern mindestens 300 Euro pro Monat. Der Teilzeitanspruch nach dem Teilzeit- und Befristungsgesetz sowie der Anspruch auf eine maximal dreijährige Elternzeit mit Teilzeitanspruch und Jobgarantie sollen erhalten bleiben. Ausgebaut wurde ebenfalls der Kinderzuschlag für Geringverdiener. Er soll den Familien helfen, deren Einkommen lediglich den Bedarf der Eltern, aber nicht den ihrer Kinder abdeckt. Ziel ist es, die materielle Kinderarmut zu reduzieren. Darüber hinaus führen Neuregelungen zur verbesserten steuerlichen Absetzbarkeit von Kosten für die Kinderbetreuung.

Elterngeld und der Ausbau der Plätze für frühkindliche Betreuung und Erziehung sollen die Eltern ermutigen, möglichst rasch die Berufstätigkeit wieder aufzunehmen. Gerade Frauen, so ein Argument, würden zunächst zu qualifizierten Fachkräften ausgebildet, anschließend jedoch nur halbherzig in den Arbeitsmarkt eingebunden. Die Geburt eines Kindes dürfe nicht das Ende ihrer beruflichen Karriere bedeuten.

Kritiker dieser Familienpolitik wenden ein, dass die traditionelle Familienform benachteiligt wird. Sie fordern eine Wahlfreiheit, bei dem Familien nicht zu einem einheitlichen Modell der Kinderbetreuung gedrängt werden, und eine bessere Anerkennung der Hausfrau und Mutter als Beruf. Deshalb sollte das Erziehungsgehalt weiterentwickelt und die Erziehung auch in der Familie als Beruf anerkannt werden. Der Ausbau der Krippenplätze wurde in der gesellschaftlichen Diskussion von einigen Kirchenvertretern als Schwächung der elterlichen Erziehungskompetenz bewertet. Der Augsburger Bischof Walter Mixa kritisierte die Beschlüsse der Bundesregierung als einseitig: »Kinder brauchen in den ersten drei Lebensjahren für ihre gesunde seelische und geistige Entwicklung die dauernde oder zumindest überwiegende Ansprache und Zuwendung der Mutter und auch des Vaters. Diese liebevolle persönliche Zuwendung kann durch keine noch so qualifizierte Fremdbetreuung ersetzt werden. Dass in einer Wohlstandsgesellschaft junge Mütter ihre kleinen Kinder in staatliche Fremdbetreuung geben müssen, um selbst wirtschaftlich überleben zu können, ist das Gegenteil einer modernen und humanen Familienpolitik.« Der Familienbund der Katholiken schlug vor, ein Erziehungsgehalt für alle Eltern mindestens bis zum dritten Lebensjahr des Kindes einzuführen, durch das diese in echter Wahlfreiheit die Kosten einer außerfamiliären Betreuung oder die Lohnausfälle in Folge eigener Kindererziehung ausgleichen können. In der Diskussion um die Ausrichtung der Familienpolitik heißt es auch: »Unser Land und unsere Familien brauchen familiengerechte Arbeitsplätze und nicht arbeitsgerechte Familien.«

Eine Bedeutung im Rahmen der Familienpolitik besitzen die Ganztagsschulen. Sie stehen sowohl für eine optimale Förderung aller Kinder und Jugendlichen, insbesondere auch derjenigen aus sozial benachteiligten Schichten, als auch für eine bessere Vereinbarung von Familien- und Berufsleben. Ganztagsschulen geben Schülerinnen und Schülern die Chance, durch eine frühe und individuelle Förderung besser zu lernen, und helfen zugleich, den negativen Zusammenhang zwischen sozialer Herkunft und Bildungserfolg in Deutschland zu überwinden. Ganztagsschulen können so einen Beitrag leisten, die nach den PISA-Studien festgestellte Bildungsarmut oder Bildungsbenachteiligung zu verringern.

In den meisten Industrienationen ist die Ganztagsschule längst zur Regelschule geworden, während in Deutschland lange Zeit die Halbtagsschule die dominante Schulform blieb. Nicht zuletzt die PISA-Daten zeigen, dass Schüler in Ländern mit Ganztagsunterricht eine höhere Lesekompetenz aufweisen. Der Vorteil liegt in der größeren Lernzeit und in einer besseren sozialen Integration. Besonders Kinder mit Migrationshintergrund und aus bildungsfernen Schichten können in Ganztagsschulen besser gefördert werden und größere Bildungschancen erhalten. Über Bildungsarmut und Bildungsbenachteiligung wird in Deutschland besonders nach den PISA-Studien diskutiert. Bildung ist »vielleicht der wichtigste Beitrag zu sozialer Gerechtigkeit«, sagte Bundespräsident Horst Köhler. Das Bundesministerium für Bildung und Forschung stellte fest: »Es entscheidet in kaum einem anderen Industriestaat die sozio-ökonomische Herkunft so sehr über den Schulerfolg und die Bildungschancen wie in Deutschland. Zugleich gelingt es in Deutschland im internationalen Vergleich deutlich schlechter, Kindern und Jugendlichen mit Migrationshintergrund gute schulische Kompetenzen zu vermitteln. Wenn wir die Zukunftschancen der jungen Generation in Deutschland sichern wollen, muss das

Schulsystem in Deutschland mehr Kinder und Jugendliche zu höheren Bildungschancen führen – und zwar unabhängig von der Herkunft.«

Eine zukunftsweisende Bildungspolitik soll dazu führen, die nachrückenden Generationen bestmöglich zu qualifizieren. Hoher Bildungsstand ist wichtig für die technologische Wettbewerbsfähigkeit und die Innovationsfähigkeit einer Volkswirtschaft. Dies gilt insbesondere für ein rohstoffarmes Land wie Deutschland, das seine Position im internationalen Wettbewerb vor allem durch wissensintensive Produkte erhalten muss. Der Maschinenbau leidet schon heute unter einem Fachkräftemangel. Nach einer Untersuchung des Instituts der deutschen Wirtschaft können derzeit 50.000 offene Ingenieursstellen nicht besetzt werden. Der volkswirtschaftliche Wertschöpfungsverlust beträgt mehrere Milliarden Euro. Experten fordern deshalb einen weiteren Dialog über die Struktur des Schulsystems und empfehlen neben den Ganztagsschulen die Einführung von Gemeinschaftsschulen. Plädiert wird ferner für die Ausweitung der frühkindlichen Bildung, um die Startchancengerechtigkeit für die Kinder zu erhöhen.

In der Familien- und Bildungspolitik stellen sich die Fragen: Wie kann die Familienpolitik so gestaltet werden, dass sie die Wahlfreiheit in der Kindererziehung ermöglicht? Wie kann ein gerechter Familienleistungsausgleich erreicht werden? Wie können die Bildungschancen von Kindern aus sozial schwachen und bildungsfernen Familien erhöht werden? Wie können Kinder aus Migrationsfamilien unterstützt werden, um gleiche Zukunftschancen zu erhalten?

Kommentar

Der Staat und jede politische Tätigkeit stehen nach der festen Überzeugung der katholischen Soziallehre im Dienst an der Person, und das heißt ganz konkret: im Dienst an Ehe und

Familie. Kein anderes Ziel kommt diesem gleich, Ehe und Familie bilden die Keimzelle des Staates. Was aber bildet Ehe und Familie, was ist die durch Ehe und Familie ermöglichte Bildung? Die Antwort fällt aus christlicher Sicht leicht: Die Liebe ist das große Ziel, dem die Bildung des Menschen in Ehe und Familie, ja in jeder Freundschaft und jeder Form des Zusammenlebens dienen soll. Dass der Mensch lieben lerne, ist das Ziel des Lebens und muss das Ziel jeder nicht ausschließlich auf einen materiellen Zweck gerichteten menschlichen Gemeinschaft sein. Alle anderen Formen der Bildung sind an diesem Ziel zu messen und daran auszurichten.

Bildung meint nach christlichem Verständnis und im Anschluss an den mittelalterlichen Dominikanertheologen Meister Eckart: Ausbildung des Gottesebenbildes in uns. Da Gott die Liebe ist, liegt alles daran, die Möglichkeiten zur Liebe im Menschen auszubilden und heranreifen zu lassen. Die moderne Psychologie spricht vom Urvertrauen des Menschen, das als Kleinkind geradezu aufgesogen und verinnerlicht wird, um sich später in Form einer reifen und zur Liebe fähigen Persönlichkeit auszuwirken. Man liebt folglich nicht einfach von Natur aus, man lernt die echte und hingebende Liebe. Ähnlich wie Bildung lässt sich auch Erziehung charakterisieren: Es geht um Lenkung und Führung auf das Ziel echten und reifen Menschseins hin. Von dem römischen Philosophen Seneca wird ein schönes Wort überliefert, das später, im 19. Jahrhundert, sowohl der katholische Jugenderzieher Don Bosco wie auch der schweizerische Pädagoge Pestalozzi aufgreifen: »Kinder sind nicht wie Fässer, die gefüllt werden sollen, sondern wie Feuer, die entfacht werden müssen!« Ein fast grenzenloses Vertrauen in eine ursprüngliche Gutheit und Begabung des Menschen spricht aus diesen Worten, zugleich ein Wissen um die sokratische Einsicht, dass Tugend ermuntert, ausgebildet und erlernt werden will. Das »Kompendium der Soziallehre der Kirche« notiert: »Indem sie ihren Erziehungsauftrag erfüllt, trägt die Familie zum Gemeinwohl bei und bildet die erste Schule der sozialen Tugenden, auf die alle Gesellschaften angewiesen sind. Die Familie hilft den Personen, in der Freiheit und in der Verantwortung zu wachsen, was für die Übernahme aller Arten von Aufgaben in der Gesellschaft die unverzichtbare Voraussetzung ist.« (Nr. 238)

Das Prinzip der Subsidiarität bezieht sich nicht zuletzt auf den Bereich von Bildung und Erziehung. Vornehmste Aufgabe der Eltern ist die Bildung und Ausbildung der Kinder, und der Staat hat die Pflicht, diese Aufgabe der Eltern nach Kräften zu fördern und finanziell zu unterstützen. Das böse Wort eines deutschen Politikers von der »staatlichen Lufthoheit über den Kinderbetten« entspricht sozialistischer Denktradition, es steht in jeder Hinsicht im Widerspruch zum christlichen Verständnis von Bildung und Familie. Denn Bildung ist immer und zuerst Herzensbildung, und wie sollte das Herz eines Menschen gebildet werden, wenn nicht aus Liebe und Güte. Keine staatliche Einrichtung kann daher die Liebe der Eltern ersetzen, aber umgekehrt hat der Staat auch das Recht, die verantwortete und fürsorgliche Erziehung der Eltern zu prüfen und gegebenenfalls zu ergänzen oder zu ersetzen. Denn die Erziehung und Bildung der Kinder ist nicht nur ein Recht, sondern auch die Pflicht der Eltern; sie an diese Pflicht zu erinnern und sie darin zu unterstützen, ist eine wesentliche Aufgabe des Staates. Dies gilt auch für die Vereinbarkeit von Beruf und Familie: Keineswegs widerspricht die Berufstätigkeit der Mutter der Erziehungsaufgabe, und es ist aller Anstrengung des Staates wert, eine Vereinbarkeit von Beruf und Familie zu ermöglichen.

Zusammenfassend lesen wir im »Kompendium der Soziallehre der Kirche«: »Die Eltern haben das Recht und die Pflicht, ihren Kindern eine religiöse Erziehung und eine moralische Bildung zuteil werden zu lassen: ein Recht, das ihnen der Staat nicht nehmen kann, sondern respektieren und stärken muss; eine vorrangige Pflicht, die die Familie nicht vernachlässigen oder an andere abtreten darf.« (Nr. 240) Personalität wird nur von Personen erlernt und ausgebildet. Und wenn der Psychologe Erik Erikson darauf hinweist, jeder reife Mensch müsse die drei Entwicklungsschritte von

Ich-Werdung, Du-Findung und Selbst-Hingabe durchlaufen, dann ist wesentlich an die Familie zu denken: Erst durch Liebe wird Liebe erlernt, was allemal weit mehr ist als nur ein geschickt kaschierter und möglichst sozial verträglicher Narzissmus.

9. Das »Soziale« der Marktwirtschaft jenseits des Kapitalismus

»Ich will mich aus eigener Kraft bewähren, ich will das Risiko des Lebens selbst tragen, will für mein Schicksal selbst verantwortlich sein. Sorge Du, Staat, dafür, dass ich dazu in der Lage bin.« Dieses Zitat kennzeichnet wie kaum ein anderes die Wirtschafts- und Gesellschaftsordnung der sozialen Marktwirtschaft. Es stammt vom früheren Bundeswirtschaftsminister Ludwig Erhard, das er 1957 in sein Buch »Wohlstand für alle« schrieb. Die Sätze Erhards vereinen das Vertrauen in den mündigen Bürger und den Gedanken des sozialen Ausgleichs. Sie verkörpern Grundwerte der Freiheit, Solidarität und Gerechtigkeit. Soziale Marktwirtschaft stellt den Versuch dar, Wettbewerb und soziale Gerechtigkeit in Einklang zu bringen. Mit diesem System hat sich die Bundesrepublik Deutschland über Jahrzehnte ein hohes Maß an Wohlstand für breite Kreise der Bevölkerung und sozialen Frieden erworben.

Während Erhard zielstrebig danach trachtete, auf dem Wege »Wohlstand durch Wettbewerb« auch den »Wohlstand für alle« zu mehren, haben sich im Lauf der Jahrzehnte Veränderungen vollzogen: Mit der Globalisierung des Kapitalismus und der Entfesselung der Marktkräfte treten zunehmend auch Schattenseiten des ordnungspolitischen Konzepts zu Tage. Der Markt kann nicht alles regeln. Forderungen nach einer Bändigung des grenzenlosen Kapitalismus werden laut. Wie kann die soziale Marktwirtschaft einen Ausweg aus dem Dilemma weisen? Ist das in der Nachkriegszeit von katholischen und evangelischen Sozialethikern und Ökonomen des Ordoliberalismus, die einen marktkonformen Ordnungsrahmen für Privateigentum, Vertragsfreiheit, freien Wettbewerb, Konjunktur- und Geldwertstabilität sowie soziale Gerechtigkeit gewährleisten wollten, entwickelte Konzept noch zukunftstauglich für das 21. Jahrhundert? Werden andererseits nicht vertraute soziale Sicherungsmechanismen als Hemmnis für den im internationalen Wettbewerb stehenden Standort Deutschland empfunden? Gerät mit zunehmender europäischer Integration nicht auch die Sozialpolitik der Mitgliedsstaaten stärker in einen Wettbewerb, wobei der Druck auf die Sozialsysteme steigt?

Parteien wetteifern mit den Unternehmerverbänden um ein Reformkonzept der sozialen Marktwirtschaft. Die CDU-Kommission »Neue soziale Marktwirtschaft« stellte ein Programmpapier vor. Diskutiert wird darin der Ordnungsrahmen für die Globalisierung der Wirtschaftsprozesse und die rasante Ausbreitung neuer Hochtechnologien. Unter neuen Bedingungen sollen die Prinzipien der sozialen Marktwirtschaft bewahrt werden. Die CSU legte programmatische Aussagen unter dem Titel »Soziale Marktwirtschaft für das 21. Jahrhundert« vor. Betont wird darin der Wille, die sozialen Prinzipien der »bewährten« deutschen Wirtschaftsordnung nicht einer »Ökonomisierung des Lebens« zu opfern. Gewarnt wird nachdrücklich vor einer Verabsolutierung von Marktergebnissen, von Privatisierung und Deregulierung als Selbstzweck. Mit der Thesenschrift »Die Marktwirtschaft muss sozial bleiben« widerspricht der CDU-Politiker Jürgen Rüttgers den »neoliberalen Lebenslügen« und preist das Modell der sozialen Marktwirtschaft als das »beste der Welt« an.

Über die Konzeption der sozialen Marktwirtschaft herrscht Einigkeit: Das Funktionieren des Marktmechanismus ist mit einem sozialen Ausgleich verbunden. Der Marktmechanismus erhöht Konsummöglichkeiten, motiviert den Anbieter zu Innovationen und technischem Fortschritt und verteilt

Einkommen und Gewinn nach individueller Leistung. Vor allem verhindert er eine übermäßige Ansammlung von Marktmacht. Daher ist es Aufgabe des Staates, den Rahmen für einen funktionierenden Wettbewerb zu schaffen. Gleichzeitig muss er die Bereitschaft und die Fähigkeit der Menschen zu eigenverantwortlichem Handeln und mehr Selbstständigkeit fördern.

Seit dem Jahr 2000 verfolgt die vom Arbeitgeberverband Gesamtmetall sowie weiteren Wirtschaftsverbänden und Unternehmen getragene »Initiative Neue Soziale Marktwirtschaft« mit Medienkampagnen das Ziel, das Bewusstsein einer wirtschaftsliberalen Reformpolitik zu stärken. Ihre Konzepte und Kampagnen liefern Argumente für eine unternehmerfreundliche Politik. Die Initiative will Reformen unterstützen, die zu mehr Wachstum, Wohlstand und Arbeitsplätzen führen. Grundannahme ist die Vermutung, dass die soziale Marktwirtschaft im Lauf der letzten 50 Jahre »zu viel Ballast angesammelt« hat. Die Vereinigung setzt, wie sie sagt, auf die effizienten Selbstregelungskräfte des freien Marktes, die prinzipiell einen harmonischen Wirtschaftsablauf garantieren können. Die staatlichen Eingriffe sollen reduziert werden. Die Initiative fordert, dass der Eigeninitiative, Leistungsbereitschaft und dem Wettbewerb mehr Geltung verschafft werden müsse. Sie setzt auf den Abbau von Bürokratie und die Vereinfachung von Genehmigungsverfahren, auf die Senkung von Steuern und Abgaben, auf den Abbau von Subventionen, die den Wettbewerb verzerren, auf die Förderung der Selbstständigkeit und des Unternehmertums sowie auf das Prinzip der Hilfe zur Selbsthilfe in der Sozialpolitik.

Der Kuratoriumsvorsitzende der »Initiative Neue Soziale Marktwirtschaft« und frühere Bundesbankpräsident Hans Tietmeyer nahm bei der Vorstellung seiner Ziele Bezug auf Ludwig Erhard: »Eigeninitiative, Leistungsbereitschaft und Wettbewerb – dieser Dreiklang bringt die zentralen Erfolgsfaktoren unserer sozialen Marktwirtschaft zum Ausdruck. Ludwig Erhard bezeichnete die ›private Initiative‹ als die

›stärkste Kraft, um aus den jeweiligen Gegebenheiten den höchsten Effekt herauszuholen‹. Wenn es uns gelingt, dieser Kraft wieder eine größere Bedeutung zu geben, wenn es uns gelingt, dass alle Bürger in diesem Land sich zuerst fragen: ›Was kann ich selbst tun?‹, dann mache ich mir keine Sorgen um die Zukunft unseres Landes.«

Kritiker werfen der »Initiative Neue Soziale Marktwirtschaft« vor, unter diesem Begriff keine soziale, sondern eine neoliberale Marktwirtschaft verwirklichen zu wollen. Befürchtet werden der Abbau von Arbeitnehmerrechten, längere Arbeitszeiten und weniger Lohn. Sie meinen, dass die Entfesselung des Marktes soziale Ungleichheit hervorrufen oder verschärfen werde.

Ob die Betonung des Wettbewerbsprinzips und die Forderung nach freien Märkten ohne staatliche Steuerungen für eine größere wirtschaftliche Effizienz sorgen, wird von Kapitalismuskritikern in Frage gestellt. Ohne staatliche Interventionen geraten Unternehmen selbst in eine »marktwirtschaftliche Falle«: Weil Unternehmen aus ihrer interessenorientierten Sicht nach maximaler Gewinnproduktion streben und dazu die Arbeitskosten sowie die Arbeitseinkommen senken wollen, steigern sie zunächst die Gewinne. Gleichzeitig sinkt das gesamtwirtschaftliche Masseneinkommen. Senken alle Unternehmen ihre Arbeitskosten, dann geht die Rechnung für alle Unternehmen nicht mehr auf. Die Absenkung verschafft keinen Wettbewerbsvorteil mehr. »Es ist ein Nullsummenspiel auf abgesenktem Niveau«, meint der Ökonom Heinz-J. Bontrup. Was die einen verdienen, müssen die anderen verlieren. Es entsteht ein ruinöser Preiswettbewerb, der einen konstruktiven Wettbewerb über innovativ verbesserte oder ganz neue Produkte behindert. Bontrup meint über das Spiel der freien Wettbewerbs: »Es kommt zu einer gefährlichen Abwärtsspirale, aus der es ohne staatliche Intervention keinen marktimmanenten Ausweg gibt.« Eine weitere Gefahr wird in einem Konkurrenzkampf von Großunternehmen gegenüber den mittelständischen Unternehmen gesehen, wenn die Wettbewerbsordnung verzerrt wird.

Danach wenden Großunternehmen ihre Nachfragemacht an, sodass bei den meist mittelständischen Zulieferern durch das Verlangen niedrigster Einkaufspreise bei höchster Produktqualität oft nicht einmal die Vollkostendeckung verbleibt. Wettbewerb verschafft demnach nicht nur Vorteile wie Effizienz und Innovationen, sondern immer auch Verlierer und Opfer.

»Sozial ist, was Arbeitsplätze schafft.« – Mit diesem Slogan wird oft Wirtschaftspolitik begründet und betrieben. Die Wirtschaftsordnung der sozialen Marktwirtschaft kennt darüber hinaus die Sozialpflichtigkeit des Eigentums. Sie soll die Probleme lösen helfen, die sich aus den Unterschieden zwischen Einkommen und Vermögen in einer Gesellschaft ergeben.

In der Weiterentwicklung der sozialen Marktwirtschaft wünschen sich einige politische Kräfte die Reform hin zu einer ökologischen Marktwirtschaft. Sie soll einen Ausgleich zwischen ökonomischen und ökologischen Zielsetzungen bringen, indem sie Umweltschutz mit marktwirtschaftlichen Mitteln durchzusetzen versucht, statt ausschließlich über die Eingriffe des Staates.

Kommentar

Wollte man die Geburtsstunde der christlichen Sozialethik benennen, so könnte man an den Moment erinnern, in dem in der biblischen Überlieferung Gott den Kain nach dessen Mord an seinem Bruder Abel befragt: »Wo ist dein Bruder Abel?« (Gen 4,3-11) Solidarität und Barmherzigkeit finden sich hier gebündelt. Und die bekanntermaßen nie gegebene und gehörte Antwort des Kain wird seitdem vom Alten Testament unaufhörlich bezeugt: Natürlich ist jeder Mensch in Solidarität Hüter seines Mitmenschen! Das meint dann: Denken vom anderen her, Frage nach seinen Sehnsüchten und Ängsten, Rücksicht und Weitsicht und Sprung über den eigenen Schatten des selbstzufriedenen Lebens. Im Neuen Testament findet sich die Frage nach der aktiven Barmherzigkeit aufgegriffen in der Gerichtsrede des Matthäus-Evangeliums: »Herr, wann haben wir dich hungrig oder durstig oder als Fremdling gesehen und haben dir nicht gedient?« (Mt 25,44) Wieder wird eine Frage gestellt, diesmal vom Menschen: Wann haben wir dir nicht gedient? Jesus antwortet jetzt deutlich durch sein eigenes Leben zugleich auf die alte Frage des Kain: Jeder ist Hüter seines Mitmenschen, weil ich selbst, Gott, es bin, dem darin gedient wird. Das ist das Neue an der christlichen Ethik: Gott wird Mensch, und dem Menschen wird nur gerecht, wer in ihm Gottes Ebenbild sehen kann. Von nun an ist Barmherzigkeit nicht einfach nur mehr eine beliebige Anstandstugend, nein, jetzt ist Barmherzigkeit ein anderer Name für die Einheit von Gottes- und Nächstenliebe. Gott selbst ist solidarisch geworden mit den Menschen. Jesu Kreuzestod ist der letzte Beweis dieser Solidarität Gottes, der die Sünden der Menschen auf sich nimmt und überwindet durch die größere Liebe, bis zum Tod am Kreuz. Von nun an ist der Mensch unwiderruflich zur Barmherzigkeit aufgefordert, die ans eigene Leben geht und sich steigert bis zur Stellvertretung, bis zur Sorge für den Mitmenschen und seine Würde, bis hin zur Bereitschaft, für diesen Mitmenschen leiden oder sogar sterben zu können.

Solche Barmherzigkeit buchstabiert sich im staatlichen Kontext als Solidarität aus und beginnt bei der Solidargemeinschaft des Staates, in der stärkere Menschen für Schwache und Arme eintreten. Am Anfang der Sozialen Marktwirtschaft steht nicht, wie beim Kapitalismus, der Wettbewerb und die Leistung, am Anfang steht die schlichte Erkenntnis: Der Mensch ist ein soziales Lebewesen, angewiesen auf den Mitmenschen, und jede politische und wirtschaftliche Ordnung hat auf diese soziale Personalität des Menschen Rücksicht zu nehmen. Der Sozialstaat als Rechtsstaat ist die logische Konsequenz der christlichen Überzeugung von gleicher Würde und gleichen Rechten einer jeden Person. Sozialstaatliche Solidarität fängt im Herzen und im Denken des mündigen Staatsbürgers als private Tugend an und setzt sich konsequent fort in der Ethik eines Rechtsstaates, der die Würde des Menschen nicht einfach den Gesetzen des freien Marktes unterwirft. Daher unterstreicht das »Kompendium der Soziallehre der Kirche« im Anschluss an die Sozialenzyklika »Centesimus annus« von Papst Johannes Paul II. aus dem Jahr 1991: »Unter dem Aspekt der umfassenden und solidarischen Entwicklung lässt sich auch die moralische Bewertung, die die Marktwirtschaft oder einfach die freie Wirtschaft von Seiten der Soziallehre erfährt, richtig einschätzen: Wird mit Kapitalismus ein Wirtschaftssystem bezeichnet, das die grundlegende und positive Rolle des Unternehmens, des Marktes, des Privateigentums und der daraus folgenden Verantwortung für die Produktionsmittel, der freien Kreativität des Menschen im Bereich der Wirtschaft anerkennt, ist die Antwort sicher positiv. Vielleicht wäre es passender, von Unternehmenswirtschaft oder Marktwirtschaft oder einfach freier Wirtschaft zu sprechen. Wird aber unter Kapitalismus ein System verstanden, in dem die wirtschaftliche Freiheit nicht in eine feste Rechtsordnung eingebunden ist, die sie in den Dienst der vollen menschlichen Freiheit stellt und sie als eine besondere Dimension dieser Freiheit mit ihrem ethischen und religiösen Mittelpunkt ansieht, dann ist die Antwort ebenso entschieden negativ.« (Nr. 335) Solidarität erst schafft ein solides Fundament der Staatsordnung, aber Solidarität hat zugleich für den Christen auch eine solide Begründung: Gott wurde Mensch und fordert daher die alltägliche Tat der Solidarität.

Der Kern des Christentums ist praktizierte Nächstenliebe. Aber es ist dabei kein Internationales Rotes Kreuz mit spirituellem Überbau. Das Christentum ist im Grunde auch kein religiös verbrämtes Weltverbesserungsinstitut. Das Christentum weiß um die Vorläufigkeit der Erde und um die Endgültigkeit des Himmels. Und es weiß ebenso um die begrenzten Kräfte des Menschen in Politik und Privatleben und misstraut daher jedem politischen Versuch, auf der Erde das Paradies des Menschen zu errichten. Politik ist die Kunst des Machbaren unter den widrigen Bedingungen von Raum und Zeit. Sie stellt eine ethische Rahmenordnung, einen Datenkranz bereit, innerhalb dessen sich Wettbewerb und Produktion entfalten sollen, immer auf der Grundlage der Person und ihres Eigentums und ihrer Leistungsbereitschaft. In dieser Sicht ist die Soziale Marktwirtschaft ein dritter Weg zwischen Kollektivismus auf der einen und Liberalismus auf der anderen Seite. Und das Instrument des Kapitalismus ist nur solange und insofern gut, als es innerhalb einer politischen und wirtschaftlichen Ordnung dem Wohl eines jeden Menschen dient.

10. Recht auf Arbeit! Pflicht zur Arbeit?

Ist es besser, Arbeit oder Arbeitslosigkeit zu finanzieren? Wie können finanzielle Anreize und gesetzliche Vorgaben für arbeitslose Menschen zur Aufnahme einer Erwerbstätigkeit richtig ausbalanciert werden? Die Regelungen von Hartz IV für Langzeitarbeitslose haben auf diese Fragen nur unzureichend Antworten gegeben. Das Prinzip des Förderns und Forderns stößt an Grenzen. Das Konzept beinhaltet drei Grundgedanken: Jeder Bezieher von Hartz IV muss eine Gegenleistung erbringen und ist zu einer Arbeit verpflichtet. Im Gegenzug wird sichergestellt, dass jedem arbeitslosen Menschen eine Beschäftigung, zum Beispiel eine gemeinnützige Arbeit, angeboten wird. Daraus kann ein Recht auf Arbeit abgeleitet sein. Ziel ist es, dass jeder ein Einkommen am Markt verdient. Wenn dieses Einkommen nicht ausreicht, gewährt der Staat einen Zuschuss, zum Beispiel im Modell des Kombilohns.

Die Arbeitspflicht folgt der Vorstellung, dass das Arbeitslosengeld (ALG) II, anders als das ALG I, keine Versicherungsleistung, sondern eine Transferleistung der Solidargemeinschaft an Bedürftige ist. Daher hat die Solidargemeinschaft einen Anspruch, für diese aus Steuermitteln finanzierte Transferleistung eine Gegenleistung in Form von Arbeit zu verlangen. In Interviews und Wahlreden haben Politiker wiederholt Sanktionen gefordert, wenn Hilfeempfänger der Arbeitspflicht nicht nachkommen. Zitate belegen dies: »Wer arbeiten kann und nicht will, verwirkt seinen Anspruch auf Geld vom Staat.« (Edmund Stoiber) – »Wenn ein Langzeitarbeitsloser, der arbeitsfähig ist, ein Angebot auf Arbeit ablehnt, dann darf es keinen Ermessensspielraum mehr geben. Dann muss es eine gesetzliche Pflicht zur Leistungskürzung geben.« (Ronald Pofalla)

Ein im Frühjahr 2007 vorgelegtes Arbeitsmarktkonzept des Bundeswirtschaftsministeriums sieht eine Arbeitspflicht für alle Hilfeempfänger vor. Danach muss jeder Erwerbslose einer regulären Beschäftigung oder einer öffentlich bereitgestellten Arbeit in der Art der Ein-Euro-Jobs nachgehen, sonst bekommt er keine staatliche Unterstützung mehr. Wer eine normale Berufstätigkeit hat, damit aber zu wenig verdient, bekommt einen öffentlichen Zuschuss. Die Vorschläge sind nicht neu: In den letzten Jahren verschärften sich die Bedingungen für die Inanspruchnahme von Sozialleistungen. So wurden im Arbeitsförderungsgesetz bereits in den 1980er Jahren die Regeln dafür, welche Tätigkeiten einem Arbeitslosem zuzumuten sind, verschärft. Eine stärkere Arbeitspflicht ergibt sich für die Bezieher des ALG I aus der Verpflichtung zur frühzeitigen Meldung beim Arbeitsamt und der Mitwirkungspflicht bei der Arbeitssuche sowie der Verpflichtung zur Annahme einer zumutbaren Beschäftigung. Dem gegenüber stehen neue Förderangebote und eine verbesserte Arbeitsvermittlung. Die Arbeitspflicht für Bezieher von ALG II wurde hingegen im Grundsatz verstärkt, sodass an die Stelle der Hilfeorientierung im Bundessozialhilfegesetz die Grundsatzvorschrift des »Forderns« getreten ist. Eine konsequente Flankierung der Arbeitspflicht wäre, wenn jedem Arbeitslosen auch eine Beschäftigung angeboten werden kann. Nur dann wäre eine Arbeitspflicht umsetzbar. Beim Prinzip des Forderns soll es sich um eine Beschäftigung auf dem ersten Arbeitsmarkt oder aber um eine Arbeit bei kommunalen Beschäftigungsgesellschaften handeln. Im ersten Fall bedeutet das, den Beschäftigungsgesellschaften zu ermöglichen, ihre Mitarbeiter an Unternehmen des ersten Arbeitsmarktes zu verleihen. Im zweiten Fall handelt es sich um kommunale gemeinnützige Arbeiten oder Zusatzarbeiten, die die Kommune andernfalls nicht erledigen könnte.

Die konsequente Einforderung der Arbeitspflicht für alle Arbeitsfähigen durch verpflichtende gemeinnützige Arbeit hat das Zentrum für Europäische Wirtschaftsforschung im Diskussionspapier »Das Mannheimer Grundsicherungsmodell« so formuliert: »Arbeit als soziale Norm muss unbedingt aufrechterhalten bleiben, um die Bereitschaft der Steuerzahler zu erhalten, das hohe Niveau der Grundsicherung in Deutschland dauerhaft zu finanzieren. Wenn der Anteil der Transferempfänger in einer Gesellschaft immer mehr zunimmt, wird die Gegenreaktion der Steuer- und Beitragszahler nicht auf sich warten lassen. Der Grundkonsens in einer Gesellschaft, dass wirklich Bedürftige von den Leistungsfähigen in einer Gesellschaft versorgt werden sollen, ist dann in Gefahr.« Zu den Unterschieden der Entlohnung aus »normaler« Erwerbsarbeit und aus »geförderter« Arbeit sowie zur Höhe der Grundsicherung schlägt das Zentrum für Europäische Wirtschaftsforschung folgende Regel vor: Wer auf dem privaten Arbeitsmarkt tätig ist, muss deutlich mehr Einkommen zur Verfügung haben als Nicht-Erwerbstätige. Wer gemeinnützig arbeitet, muss weniger in der Tasche haben als Beschäftigte bei privaten Arbeitgebern. Wer nicht arbeitet, muss deutlich weniger Einkommen zur Verfügung haben als privat oder gemeinnützig Beschäftigte. Aus Gerechtigkeitsgründen wird erwogen, junge und alte Arbeitslose unterschiedlich zu behandeln. Die Arbeitspflicht für junge Arbeitslose wird um eine Ausbildungspflicht ergänzt. Bei älteren Arbeitslosen, die viele Jahrzehnte erwerbstätig waren, sollte die Arbeitspflicht »mit Fingerspitzengefühl« durchgesetzt werden.

Die Förderpflicht des Staates besteht darin, dass die Job-Center gut funktionieren und dass die dem Gemeinwohl dienenden Beschäftigungsverhältnisse in ausreichender Zahl zur Verfügung stehen.

Kritiker dieses Modells lehnen die allgemeine Arbeitspflicht aus sozialstaatlichen Gründen ab, weil es zu Verwerfungen am Arbeitsmarkt kommen kann. Die flächendeckende Ausweitung von Arbeitsgelegenheiten stehe in Konkurrenz zur regulären Arbeit. Befürchtet werden Verdrängungsprozesse: Der »Pflichtarbeiter« gefährdet Arbeitsplätze wie auch Arbeitsbedingungen der (noch) Beschäftigten. Besonders Vertreter von Gewerkschaften, aber auch einige Kirchenvertreter fordern daher, dass vor der Pflicht zur Arbeit ein Recht auf Arbeit in das Grundgesetz aufgenommen werden müsste.

Ein Recht auf Arbeit ist in 13 Verfassungen der Mitgliedsstaaten der Europäischen Staaten verankert. Das deutsche Grundgesetz kennt diesen Passus nicht. Gleichwohl hat Deutschland die UNO-Menschenrechtsdeklaration, die das Recht auf soziale Sicherheit, Arbeit und Wohnung festschreibt, unterzeichnet. Einige Landesverfassungen haben diese ebenfalls aufgenommen. Ein explizites Recht auf Arbeit besteht jedoch nicht. Als Recht auf Arbeit wird im Allgemeinen das Recht verstanden, arbeiten zu dürfen. Das Recht auf eine Arbeit eigener Wahl oder ein Arbeiten im erlernten Beruf ist damit nicht eingeschlossen.

Die Gewerkschaften betrachten das Recht auf Arbeit als ein Menschenrecht. Jede Frau und jeder Mann muss danach die Chance erhalten, eine Arbeit auszuüben, die eine menschenwürdige Existenz ermöglicht. Arbeit bedeutet aber nach der Definition mehr als die bloße Existenzsicherung. Sie wird als die wesentliche Voraussetzung für die Selbstverwirklichung der Menschen und für ihre Teilhabe am gesellschaftlichen Leben verstanden. Politiker fordern immer wieder die »Arbeit für alle« und damit die Bekämpfung der Arbeitslosigkeit als eine zentrale politische Aufgabe. Ziel ist die Vollbeschäftigung. Eine konsequente Umsetzung des Rechts auf Arbeit in einer Marktwirtschaft betrachten einige Ökonomen und Ethiker als verantwortbar. Dieses Recht würde nicht nur die Arbeitslosigkeit beseitigen, sondern als positiver Effekt die Arbeitslosenversicherung überflüssig machen, die Rentenkassen füllen und die indirekten Kosten der Arbeitslosigkeit vermindern. Gefordert wird die Umverteilung der wirtschaftlich nachgefragten Arbeit in dem Sinn, dass Arbeitnehmer einen Teil ihrer Arbeitszeit und ihres Einkommens zur Verfügung stellen und abgeben, damit ein Arbeitsloser beschäftigt werden kann. Der Ethiker Walter Pfannkuche, der ein individuell einforderbares Recht auf Arbeit befürwortet, beklagt ein fehlendes Verständnis in der gerechten Verteilung von Arbeit: »Die mangelnde Bereitschaft vieler Arbeitsplatzbesitzer, von ihrer Arbeit etwas abzugeben, ist nur eine Form des Egoismus, die mit angeblichen Rechten gar nicht zu verteidigen ist.«

Kommentar

Wie viele Arbeitslose kann die katholische Soziallehre rechtfertigen? Klare Frage, klare Antwort: Keinen einzigen! Aber gemach: Das ist bestenfalls der bloße Anfang einer Antwort. Denn Arbeit meint noch nicht unbedingt entlohnte Tätigkeit, und nicht jede Beschäftigung ist eine sinnvolle und menschenwürdige Arbeit. Mit anderen Worten: Arbeit als Begriff und als Objekt der Diskussion muss genauer definiert werden.

Woraus hier gleich zu Beginn deutlich wird: Es geht, wie immer in der katholischen Soziallehre, nicht um irgendeine Sache, es geht immer um den Menschen als Person. Das »Kompendium der Soziallehre der Kirche« notiert in Nr. 274: »Der Mensch muss arbeiten, zum einen, weil der Schöpfer es ihm aufgetragen hat, und zum anderen, um auf die Notwendigkeit des Erhaltes und der Entfaltung seiner eigenen Menschlichkeit zu reagieren. Die Arbeit stellt sich als moralische Verpflichtung gegenüber dem Nächsten dar, also an erster Stelle gegenüber der eigenen Familie, aber auch gegenüber der Gesellschaft, der man angehört.« Im Unterschied also etwa zur altgriechischen Kultur, die den freien Mann ohne Zwang zur Arbeit in den Mittelpunkt stellte und nur den sprichwörtlich gewordenen »Banausen« zur Arbeit verpflichtet sah, sieht die jüdisch-christliche Tradition die Arbeit als menschengemäße Tätigkeit, als Entfaltung seiner Persönlichkeit. Faulheit ist Sünde. Tätigkeit, und sei sie noch so unscheinbar, ist im Kern immer Nachahmung der schöpferischen Tätigkeit Gottes. Die Hände in den Schoß zu legen, kann eine gute und sinnvolle Erholung von schaffender und erschöpfender Tätigkeit sein, ein Dauerzustand darf nicht daraus werden, übrigens auch nicht im Pensions- und Rentenalter. Und umgekehrt sind auch betende Hände tätige Hände, ohne dass damit entlohnte Arbeit verknüpft wäre.

Freilich spricht die christliche Tradition durchaus vom Janus-Gesicht der menschlichen Arbeit, von der auch wir wissen, wenn wir manches Mal neidvoll von einem anderen Menschen bemerken, er sei in der glücklichen Lage, sein Hobby zur Arbeit zu machen: Arbeit kann erfüllend sein, oft genug aber ist sie, durchaus der Analyse von Karl Marx folgend, entfremdend und zuweilen auch entwürdigend. Sie ist unter den nachparadiesischen Bedingungen der Erbsünde (denen das verzerrte Bild vom Schlaraffenland freilich ein bloßes Faulenzertum des Menschen, dem alle Früchte buchstäblich in den Mund wachsen, entgegensetzt) immer auch Last und Mühe und oft im eigentlichen Sinn schweißtreibend. Dennoch hält das »Kompendium der Soziallehre der Kirche« fest, dass der Pflicht zur Arbeit auch ein Recht auf Arbeit entspricht: »Die Arbeit ist ein Grundrecht und ein Gut für den Menschen: ein nützliches Gut, das seiner würdig ist, weil es Ausdruck und Steigerung der menschlichen Würde sein kann. Die Kirche verkündet den Wert der Arbeit nicht nur, weil diese immer personal, sondern auch, weil sie notwendig ist. Die Arbeit ist notwendig, um eine Familie zu gründen und zu erhalten, um ein Recht auf Eigentum zu erwerben, um zum Gemeinwohl der Menschheitsfamilie beizutragen.« (Nr. 287) Drei Punkte sind hier besonders hervorzuheben: Erstens ist Arbeit, wie auch Eigentum, ein Mittel zur Förderung und zur Entfaltung der menschlichen Persönlichkeit, man denke nur an das jesuanische Gleichnis von der Vermehrung der Talente!

Zweitens ist die Arbeit folgerichtig nützlich, als Instrument zweckdienlich, hat aber, so wenig wie Privateigentum, keinen Wert in sich: In der Ewigkeit, so die theologische Zuspitzung, wird es weder Arbeit noch Privateigentum geben, sondern nur, wie der heilige Augustinus sich ausdrückt, Genuss der Liebe Gottes – was offenkundig, so wenig wie eheliche Liebe und wirkliche Freundschaft, keine Arbeit ist.

Daher geht es drittens nicht um Arbeit um jeden Preis, sozusagen als staatlich vermittelte Beschäftigungstherapie, sondern Arbeit kann Ausdruck der menschlichen Würde sein, wenn sie menschengemäß ist, also dem Menschen als Person entspricht. Von daher rühren unsere Regelungen zum Arbeitsschutz und zu unveräußerlichen Rechten der Arbeitnehmer. Jede schleichende Ausbeutung soll verhindert werden. Das ist in der Tat eine vornehme Aufgabe des Staates und seiner Gesetze.

Deshalb versteht sich aber auch, wenn das »Kompendium der Soziallehre der Kirche« unterstreicht: »Die Probleme der Beschäftigung rufen die Verantwortung des Staates auf den Plan, dem es obliegt, eine aktive Arbeitspolitik zu betreiben, das heißt eine Politik, die die Schaffung von Arbeitsplätzen innerhalb des nationalen Territoriums begünstigt und die Produktion auf diese Weise ankurbelt.« (Nr. 291) Und in der Folge wird, ganz in der Sicht einer gelenkten und sozialen, aber auf Wettbewerb und freier Initiative beruhenden Marktwirtschaft, ausgeführt, es sei nicht direkt Aufgabe des Staates, dieses Recht auf Arbeit zu gewährleisten, sondern vielmehr die Tätigkeit von Unternehmen so zu unterstützen, dass Arbeitsplätze geschaffen und Investitionen durch private Unternehmer ermöglicht werden. Und hier wiederum sitzt, wie so häufig in der Ethik, der Teufel durchaus im Detail: Denn in einer zunehmend entnationalisierten und globalisierten Ökonomie wird es zunehmend schwerer für den

Nationalstaat alter Prägung, global agierende Unternehmen so zu lenken und anzureizen, dass sie Arbeitsplätze schaffen. Denn nicht nur Produkte, sondern auch Arbeitsplätze und Lohnkosten stehen im internationalen Wettbewerb und müssen sich ökonomisch rechnen. Das ist oft das hässliche Zerrbild einer Marktwirtschaft: Arbeitsplätze werden vernichtet, ohne den Menschen dahinter zu sehen, dem unvermittelt Chancen der Entfaltung seiner Persönlichkeit genommen werden. Dem ist politisch und gesellschaftlich entgegen zu steuern, nicht zuletzt durch ständige Anstrengungen zur Vermehrung von Bildung aller Staatsbürger. Denn eine dauerhafte Arbeitslosigkeit widerspricht grundsätzlich der Würde des Menschen, der tätig und arbeitend in Kontakt und Austausch mit anderen Menschen kommt und dadurch sich und seinen Wert, ja seine Würde entdeckt durch arbeitende Entfaltung seiner Talente. Oder anders: Durch die Arbeit entdeckt der Mensch, dass er etwas Gutes tun kann und als Person etwas Gutes bedeutet für den anderen Menschen – eine der besten Entdeckungen der Menschheitsgeschichte.

11. Gerechter Lohn

Seit 70 Jahren existiert in den USA eine landesweite Lohnuntergrenze. Der damalige Präsident Franklin D. Roosevelt führte 1938 den gesetzlichen Mindestlohn ein, um den ruinösen Lohnwettbewerb bei hoher Arbeitslosigkeit zu begrenzen. »A fair day´s pay for a fair day´s work« (ein fairer Tageslohn für einen fairen Arbeitstag), lautete damals das Motto.

In einem Lohnwettbewerb stehen heute die Staaten der Europäischen Union und besonders dann, wenn die Dienstleistungsfreiheit und die Arbeitnehmerfreizügigkeit EU-weit gilt. Gegen die Angst vor Lohndumping soll das Entsendegesetz der Bundesregierung schützen. Das Gesetz schreibt für bestimmte Branchen und die Dienstleister von Zeitarbeit einen Mindestlohn vor, an den sich alle in- und ausländischen Firmen in Deutschland halten müssen. Das Entsendegesetz verhindert aber nicht die Diskussion um eine generelle Lohnuntergrenze und um das gerechte Gehalt.

Doch was ist ein gerechtes Einkommen? In Umfragen halten drei Viertel der Bevölkerung die Manager für überbezahlt. Die Entlohnung von Hilfsarbeitern empfinden sie als ungerecht. Entsprechend populär ist der Ruf nach Mindestlöhnen. Diese sollen den Sozialstandard deutscher Arbeitnehmer sichern, weil man glaubt, sich sonst der Lohnkonkurrenz vor allem aus Osteuropa nicht erwehren zu können. »Mindestlohn statt Armutslohn« heißt deshalb die Devise von Gewerkschaftsvertretern. Von Lohndumping ist in vielen Fällen die Rede. Das Lohnniveau rutscht in bestimmten Branchen weit nach unten. Zur Ausweitung des Niedriglohnbereichs kommt seine Verfestigung. Niedriglohn ist nicht mehr Übergang zu höherem Einkommen, sondern für eine zunehmende Zahl von Menschen ein Dauerzustand.

In den letzten Jahren entstanden hierzulande immer mehr so genannte prekäre Beschäftigungsverhältnisse. Als Prekärlöhne definiert man Löhne, die bei Vollzeitbeschäftigung zu einem Einkommen knapp oberhalb der Armutsgrenze, aber deutlich unterhalb des Durchschnitts führen. Sie sind prekär, da sie aufgrund der mangelhaften Möglichkeiten zur Vorsorge und Teilhabe ein Armutsrisiko darstellen. Als prekäre Einkommen gelten Bruttoverdienste, die bei mehr als 50 Prozent, aber weniger als 75 Prozent des Durchschnittseinkommens liegen. Legt man das Durchschnittseinkommen bei 2884 Euro pro Monat zugrunde (Stand 2007), dann wären bei dieser Definition monatliche Bruttoeinkommen zwischen 2163 Euro (75 Prozent) und 1442 Euro (50 Prozent) als Prekärlöhne zu bezeichnen. Die Stundenlöhne lägen bei einer 38,5-Stunden-Woche zwischen 8,67 Euro und 13 Euro.

Nach Berechnungen der Vereinten Dienstleistungsgewerkschaft »verdi« und der Katholischen Arbeitnehmer-Bewegung in Nordrhein-Westfalen arbeitet bereits ein Drittel aller Vollzeitbeschäftigten in einem Niedriglohnjob. In den westlichen Bundesländern müssen 25 Prozent und in den östlichen Bundesländern fast 60 Prozent aller Beschäftigten mit einem Bruttolohn von weniger als 2163 Euro zurechtkommen. Ein Sechstel der Vollzeitbeschäftigten lebt von so bezeichneten Armutslöhnen. Das sind brutto weniger als 1442 Euro und netto 1012 Euro.

Die Tarifautonomie scheint machtlos zu sein. Unverkennbar ist, dass Tarifverträge immer weniger in der Lage sind, einen gesetzlichen Mindestlohn zu ersetzen. Die Gründe liegen darin, dass tarifliche Bindungen in den letzten Jahrzehnten stetig abgenommen haben. Es entstanden tariffreie Bereiche, weil Tarifverträge nicht erneuert werden konnten oder unterlaufen wurden. Selbst da, wo Tarifverträge bestehen, wird zunehmend auf der Grundlage von so genannten Öffnungsklauseln »unter Tarif« bezahlt.

Heute werden nach Angaben des Instituts für Arbeitsmarkt- und Berufsforschung nur noch etwas mehr als die Hälfte der Beschäftigten von Flächentarifverträgen erfasst: 1996 arbeiteten in Westdeutschland 69 Prozent der Beschäftigten in Betrieben, in denen ein Flächentarifvertrag galt. 2006 waren es nur noch 57 Prozent. In Ostdeutschland sank der entsprechende Anteil der Beschäftigten von 56 auf 41 Prozent. Der Anteil der Beschäftigten, die in einem Unternehmen mit einem betrieblichen Bündnis zur Wettbewerbs- und Standortsicherung arbeiten, liegt bei zwölf Prozent. Rund zwei Drittel der Bündnisse bringen für die Beschäftigten sowohl bei der Arbeitszeit als auch bei der Entlohnung Einschränkungen mit sich. Die Beschäftigten dieser betrieblichen Bündnisse stellen sich die Frage: Weniger Geld für mehr Arbeit – soll das gerecht sein?

Dabei klaffen die Löhne und Gehälter in Deutschland weit auseinander: So verdienten die Vorstände der größten Unternehmen 2007 mehr als doppelt so viel wie noch 1998. Ein normaler Vollzeit-Arbeitnehmer dagegen verdient, inflationsbereinigt, heute weniger als 1998. Über viele Jahre gab es tarifliche Nullrunden, in einigen Branchen sogar Lohnsenkungen. In einer Zeit der wirtschaftlichen Erholung wird wieder gern der alte Lehrsatz zitiert: Ein Lohn ist gerecht, wenn er dafür sorgt, dass alle vom Wirtschaftswachstum profitieren. Während Unternehmen dazu neigen, insbesondere gering qualifizierten Arbeitskräften Löhne unterhalb des Leistungsniveaus zu zahlen, wächst die Verhandlungsposition bei den Beschäftigten, deren Arbeitsmarktsituation sich günstig entwickelt. Besonders höher qualifizierte Arbeitnehmer profitieren vom Facharbeitermangel. So gelangen Ingenieure durch die Nachfrage am Markt in den außertariflichen Bereich. Die Folge ist, dass die Löhne insgesamt weiter auseinander driften.

Experten vermuten in der Zukunft eine stärkere Einkommensungleichheit zwischen den Beschäftigten. Lange Zeit konnte die Arbeitsgesellschaft bei der Frage nach dem gerechten Lohn auf die Institution der Tarifautonomie vertrauen. Doch wenn in zunehmendem Maß betriebsspezifischen Öffnungen von Tarifverträgen zugestimmt wird, Arbeitergeber sich der Tarifbindung durch das Verlassen der Arbeitgeberverbände entziehen und Handwerksbetriebe ihre Mitgliedschaft in den Innungen aufgeben, verändern sich die Prinzipien, nach denen die Beschäftigten entlohnt werden. An die Stelle des überkommenen Systems aus Leistungsprinzip (»Leistung muss sich lohnen«) und Gleichheitsprinzip (»Gleicher Lohn für gleiche Arbeit«) tritt in zunehmendem Maß die unmittelbare Kopplung der Entlohnung an den wirtschaftlichen Erfolg des Unternehmens, dem die Beschäftigten jeweils angehören. Das Prinzip lautet dann: Je besser ein Unternehmen auf dem Markt dasteht, desto mehr verdienen seine Beschäftigten. Oder im Umkehrschluss: Je schlechter das Unternehmen wirtschaftet, desto weniger verdienen die Mitarbeiter. Die erfolgsbezogene Vergütung von Beschäftigten wird die Stabilität des Tarifvertragssystems auf die Probe stellen.

Ein weiteres Problem entsteht durch die allmähliche Auflösung der Tarifbündnisse innerhalb der Verhandlungsgruppen: Früher verhandelten die Arbeitgeber im öffentlichen

Dienst als Bund, Länder und Kommunen gemeinsam einen einheitlichen Tarifvertrag aus. Einzelne Länder haben mittlerweile dieses Bündnis verlassen. Doch auch die Solidarität der Arbeitnehmer ist brüchig geworden. Flugpiloten und Lokomotivführer etwa sind aus den großen Gewerkschafts-Bündnissen ausgeschert und handeln ihre Tarifverträge in ihren eigenen Berufsvereinigungen aus. Mehr als Solidarität zählt die individuelle Durchsetzungsmacht.

Zur Lohngerechtigkeit gehören nicht zuletzt Arbeitsbewertung und Lohndifferenzierung. Gewährleistet wird dies durch das Tarifvertragssystem. Tariflich ergibt sich, dass ungleiche Anforderungen und Belastungen entsprechend auch zu ungleichen Entgelten führen sollen. Denn in den tariflichen Lohnverhandlungen geht es in der Regel nicht um absolute, sondern um relative Lohngerechtigkeit, das heißt um eine gerechte Differenzierung der Löhne und Gehälter untereinander. Weil sich die Leistung eines Mitarbeiters in der Quantität oder Qualität der Arbeitsergebnisse, aber auch in einem bestimmten Verhalten wie Kooperation, Zuverlässigkeit und Loyalität zeigen kann, werden zur Ermittlung der Leistung im Wesentlichen messbare Leistungsergebnisse und Leistungsbeurteilungen herangezogen. Die Kriterien für die Leistungsbeurteilung können unterschiedlich sein. Zum einen gelten der Arbeitseinsatz und Fleiß am individuellen Arbeitsplatz, zum anderen die Kooperation innerhalb der Arbeitsgruppe.

Im Gehaltsmanagement der Unternehmen gehören im Allgemeinen die folgenden fünf Merkmale zu einer »objektiven Sicht« von Lohngerechtigkeit: Die Anforderungsgerechtigkeit berücksichtigt den Schwierigkeitsgrad einer Arbeit sowie die Ausbildung und Berufserfahrung im Lohn. Die Leistungsgerechtigkeit ermittelt den erbrachten Leistungsbeitrag gemessen an einer definierten Normalleistung. Die Verhaltensgerechtigkeit geht der Frage nach, wie solidarisch, teamfähig und hilfsbereit ein Mitarbeiter ist, wie sehr er sich mit dem Unternehmen identifiziert und wie sein Pflichtbewusstsein ausgeprägt ist. Die Sozialgerechtigkeit beinhaltet die Fragen nach Alter, Dienstalter, Familienpflichten und der persönlichen Situation des Mitarbeiters. Die Marktgerechtigkeit prüft, ob die Löhne in einem gesunden Verhältnis zu vergleichbaren Betrieben und Funktionen stehen. Dass es in der Gewichtung dieser Gerechtigkeitskriterien zu empfundenen Ungerechtigkeiten kommen kann, versteht sich. Ein Unternehmen, das zum Beispiel die Sozialgerechtigkeit stark betont, wird konsequenterweise Abstriche zum Beispiel bei der Leistungsbetonung machen müssen.

Kommentar

Lohn ist eigentlich in den Augen der Theologie ein Unwort. Im Evangelium ist davon die Rede, dass manche Menschen ihren Lohn für gute Taten auf Erden schon erhalten haben und so keine Ansprüche mehr auf himmlischen Lohn besitzen: Gebrandmarkt wird eine auf purem Kosten-Nutzen-Kalkül aufbauende, im Kern korrumpierte Gesinnung der ständigen Vorteilsberechnung. Es ist eine Haltung innerer Kälte, die nur auf Kompensation für gebrachten Einsatz und erbrachte Leistung schielt, auf Entgelt und Vergütung, ständig um die fixierende Frage kreisend: Was bekomme ich dafür?

Liebe jedenfalls wird so bereits im Keim erstickt und verunmöglicht. Keiner von uns nämlich lebt Ehe oder Freundschaft mit der geheimen bangen Frage nach angemessener Belohnung, jedenfalls nicht bewusst. Und doch lebt der Mensch nicht mehr im Paradies spontaner Liebe und noch nicht im Himmel der freien Zuwendung Gottes. Der Mensch erfährt, so schmerzlich das auch sein mag, seinen Wert durch Bewertung und Anerkennung, seine Würde durch Entlohnung und Vergütung, ohne dass doch deshalb seine unbezahlbare Würde auf den gezahlten Preis reduziert werden dürfte.

Darin liegt der Spagat der Soziallehre: am Ideal unbezahlbarer Liebe und Zuwendung festzuhalten und zugleich realistisch und nüchtern Mindestlohn vom Billiglohn zu unterscheiden und jeder ungerechten Ausbeutung von Menschen durch ungerechte Entlohnung zu wehren. Es geht letztlich immer um Liebe (das ist das Ziel der seligen Anschauung Gottes, zu der wir hin unterwegs sind), aber das Kleid, in das sich diese Liebe verbirgt, oft allzu verschlissen und abgetragen, heißt Gerechtigkeit. Das »Kompendium der Soziallehre der Kirche« notiert daher folgerichtig in Nr. 302: »Die Vergütung ist das wichtigste Mittel, um die Gerechtigkeit in den Arbeitsverhältnissen zu verwirklichen. Die einfache Übereinkunft zwischen Arbeitnehmern und Arbeitgebern hinsichtlich der Höhe der Vergütung genügt nicht, um den vereinbarten Lohn als gerecht zu qualifizieren, denn dieser darf nicht so niedrig sein, dass er einem genügsamen rechtschaffenen Arbeiter den Lebensunterhalt nicht abwirft: die natürliche Gerechtigkeit ist der Vertragsfreiheit vor- und übergeordnet.« Mit anderen Worten: Naturrecht geht vor Vertragsrecht, natürliche Rechte vor ausgehandelten Vereinbarungen. Oder nochmals anders: Es gibt einen Begriff von objektiver Menschenwürde und objektivem Menschenrecht, der immer und überall zu schützen ist, selbst wenn ein Mensch, aus welchen Gründen auch immer, auf diese Würde oder dieses Recht verzichten wollte: Recht auf Leben (daher das immer gültige Verbot der Selbsttötung), Recht auf Arbeit, Recht auf würdige Behandlung und menschenwürdige Arbeitsverhältnisse (daher das immer gültige Verbot von Sklaverei und Kinderarbeit).

In Bezug auf den gerechten und menschenwürdigen Lohn, auf den kein Mensch das Recht hätte zu verzichten, gibt es freilich keinen eindeutigen Maßstab außer der Hinweis auf das Existenzminimum, das durch den Lohn garantiert werden soll. Daraus folgt: Ein genügsamer Lebensunterhalt reicht uns heute, über 100 Jahre nach der ersten Sozialenzyklika »Rerum novarum« von Papst Leo XIII. und ihrem etwas blumigen Hinweis auf den rechtschaffenen und genügsamen Arbeiter nicht mehr aus zur Bestimmung des gerechten Lohnes. Denn mehr denn je leben wir nicht allein im Bewusstsein der individuell unterschiedlichen Gerechtigkeit, sondern der unterschiedslosen Gleichheit der Lebensverhältnisse. Und mehr denn je sind wir der Auffassung, die gleiche Menschenwürde aller Personen solle sich nicht in allzu sehr gespreizten Löhnen abbilden. Daher empfinden wir übertriebene Jahresgehälter von Managern und Bankern (auch von Sportlern übrigens?) zu Recht als obszön und als ungerechtfertigten Auswuchs einer aus dem ethischen Ruder laufenden Marktwirtschaft. Unsere Gesellschaft lebt mehr denn je vom Vergleich der Menschen untereinander, und damit geht leider auch, mehr denn je, Neid, Eifersucht und Missgunst einher. Das ist nicht larmoyant zu beseufzen, sondern schlicht festzustellen.

Globalisierte Staaten, die sich miteinander im internationalen Wettbewerb befinden und nicht mehr als weitgehend voneinander abgeschottete Nationalstaaten wie zu Bismarcks Zeiten existieren, werden in Zukunft mit größerer Ungleichheit ihrer Bürger leben müssen. De facto gibt es und gab es immer schon eine Zwei-Klassen-Vergütung und eine Zwei-Klassen-Medizin. Das ist ärgerlich, aber jeder weiß das, und wir sind bereit, das in gewissen Grenzen hinzunehmen – im Unterschied zum Kommunismus, der jeden Arbeiter von Stirn und Faust gleich schlecht entlohnte. Wir nehmen es hin um eines funktionierenden Wettbewerbs und des Gemeinwohls willen, sofern nur die Unterschiede nicht allzu grell glänzen. Darin wird in Zukunft der schwieriger werdende Spagat der Sozialpolitik und des Sozialstaats bestehen: Produktivität und damit Wohlstand für alle anzukurbeln und zugleich auf die gerecht entlohnte Menschenwürde zu achten. Denn der Lohn für eine Arbeitsleistung bildet nur schwach ab, dass Menschen mehr sind als billige Maschinen. Und: Der Mensch ist stets weit mehr, als er verdient!

12. Kapitalbeteiligung und Mitbestimmung

Eine alte Idee ist wieder in der Diskussion: Mitarbeiter sollen sich an ihren Unternehmen und deren Erfolgen beteiligen. Die bereits in den 1950er Jahren erhobene Forderung schien lange Zeit vergessen. Eine Ausnahme bildete der Verlag des Nachrichtenmagazins »Der Spiegel«, als 1974 Rudolf Augstein seinen Verlagsmitarbeitern und Redakteuren die Hälfte seines Verlags schenkte. 50,5 Prozent am »Spiegel« hält mittlerweile die Mitarbeiter KG. Die Spiegel-Mitarbeiter erhalten seitdem eine jährliche Ausschüttung.

Viele Modelle wurden in den letzten Jahrzehnten zur Kapitalbeteiligung der Mitarbeiter entwickelt: Die Beteiligung von Arbeitnehmern am Kapital des beschäftigenden Unternehmens lässt sich in Form von Belegschaftsaktien, GmbH-Anteilen, Genossenschaftsanteilen, Stillen Beteiligungen, Mitarbeiterdarlehen oder Genussscheinen gestalten. Hinzu kommen Gewinnbeteiligungen, die als Kapitalbeteiligungen gelten. Insgesamt beteiligt bisher nur jeder zehnte deutsche Betrieb in Deutschland seine Beschäftigten am Gewinn. Bei den Betrieben in ausländischem Besitz hierzulande ist es fast ein Drittel. Im europäischen Vergleich liegt Deutschland damit im Mittelfeld. Besonders ausgeprägt sind Formen der Kapitalbeteiligung in Frankreich und Großbritannien. Dort bestehen gesetzliche Verpflichtungen beziehungsweise steuerliche Vergünstigungen für Betriebe mit Systemen der Mitarbeiterbeteiligung.

Heute sind sich die großen Parteien im Ziel einig: Mitarbeiter sollen am wirtschaftlichen Aufschwung ihres Unternehmens stärker als bisher teilhaben. Argumentiert wird mit der immer größer werdenden Schere zwischen den unterschiedlichen Einkommensarten in Deutschland: Von 2001 bis 2006 stiegen die Unternehmens- und Vermögenseinkommen um 32,5 Prozent, während die Arbeitnehmereinkommen nur einen Zuwachs von 2,1 Prozent verzeichneten. Nun wird nach Lösungen gesucht, wie Beschäftigten vermehrt Kapitaleinkommen als zusätzliche Einkommensquelle erschlossen werden kann. Die unter der Bezeichnung »Betriebliche Bündnisse für Soziale Kapitalpartnerschaften« firmierten Pläne von CDU und CSU sehen unter anderem vor, dass Arbeitnehmer über eine freiwillige Mitarbeiterbeteiligung künftig bis zu 1000 Euro jährlich, aufgeteilt in einen Freibetrag und eine Bruttolohnumwandlung, steuerbegünstigt im Unternehmen anlegen können. Diese Beteiligungen sollen zudem steuerfrei in Altersvorsorgepläne überführt werden können. Das Konzept der Union sieht insbesondere Bündnisse auf betrieblicher Ebene vor. Die Kapitalbeteiligung als freiwilliges Angebot an den Arbeitnehmer hat den Vorteil, dass die ausbezahlten Gewinnbeteiligungen im jeweiligen Unternehmen bleiben. Dies soll die Investitionsfähigkeit vor allem mittelständischer Unternehmen stärken. Im Rahmen der »Sozialen Kapitalpartnerschaft« streben CDU und CSU an, die Identifikation der Beschäftigten mit dem Unternehmen sowie ihre Leistungsbereitschaft zu steigern.

Das SPD-Modell zur Mitarbeiterbeteiligung, das den Titel »Deutschlandfonds« trägt, sieht dagegen einen übergeordneten Fonds vor, der von staatlicher Seite abgesichert ist. Der wichtigste Unterschied: Während sich die Arbeitnehmer beim CDU-Modell direkt an ihrem Unternehmen beteiligen, passiert dies nach dem SPD-Modell nur indirekt. Hier kaufen die Beschäftigten Anteile an einem Fonds, der den Unternehmen die Gelder als Kapital zur Verfügung stellt. Über ihn fließen auch Gewinnanteile und Zinsen an die Arbeitnehmer zurück. Mit dem Fonds will die SPD das Risiko ausschließen, dass der Arbeitnehmer bei einer Insolvenz des Unternehmens nicht nur seinen Arbeitsplatz, sondern auch seine Einlagen verliert. Durch den Deutschlandfonds soll die Eigenkapitalquote der Betriebe gestärkt werden, was gerade bei mittelständischen Unternehmen deren Kreditchancen für Investitionen erhöht.

Diese und andere Modelle werden unter Politikern, Ökonomen, Arbeitgebern und Gewerkschaftlern kontrovers diskutiert. Unternehmer äußern die Befürchtung, sensible Informationen des Betriebs mit Arbeitnehmern teilen zu müssen, während Arbeitnehmer nicht ohne Rechte und sehr langfristig gebunden eine Beteiligung halten wollen.

Besonders die Idee, einen Teil des Lohns oder der Lohnanhebungen nicht bar auszuzahlen, sondern direkt in eine Kapitalbeteiligung zu stecken, stößt bei Gewerkschaften auf Skepsis. Dieser so genannte Investivlohn ist ein Weg, mit dem die Mitarbeiterbeteiligung am Produktivkapital auf eine vertragliche Basis gestellt werden kann. Befürworter dieses Beteiligungs-Modells gehen davon aus, dass die Motivation und Arbeitsleistung der Mitarbeiter erhöht werden können. Zusätzlich könnten sich die Beschäftigten nicht nur besser mit ihrem Unternehmen identifizieren, auch würde die Bereitschaft zu einer längerfristigen Lohnzurückhaltung gestärkt. Kritiker verweisen insbesondere auf die zumeist magere Ausstattung der Beteiligungs-Modelle und auf die Gefahr eines Betriebs-Egoismus. Unzureichend geklärt seien die Kriterien der Rendite, des Risikos und der Liquidität. So warnte beispielsweise die Vereinte Dienstleistungsgewerkschaft »verdi« ihre Mitglieder vor allzu großen Erwartungen: »Der Investivlohn macht Beschäftigte zu Miteigentümern. Klingt toll. Sie wären fortan an den Gewinnen beteiligt. Allerdings sehen die bekannten Investivlohn-Modelle keine regelmäßigen Gewinnbeteiligungen oder -ausschüttungen vor. In der Regel wird davon ausgegangen, dass die Beschäftigten erst mit dem Ausscheiden aus dem Unternehmen oder mit der Pensionierung ihren Investivlohnanteil zurück erhalten. Nur, ob sie etwas und vor allem wie viel sie zurück erhalten, kann niemand sagen. Im günstigsten Fall ist der Betrag größer im Vergleich zum Umfang des Lohnverzichts. Und der ungünstigste Fall? Alles weg, weil das Unternehmen pleite gegangen ist.«

Sollten die Beschäftigten zu Miteigentümern werden, müssten ihre Mitbestimmungs- und Mitentscheidungsmöglichkeiten in den Betrieben ausgebaut werden.

Ohnehin konzentrieren sich die Gewerkschaften darauf,

die Mitbestimmung der Arbeitnehmer zu stärken. Sie sehen sich der Frage ausgesetzt: Schadet oder nutzt die Mitbestimmung dem deutschen Wirtschaftsstandort? Einige Vertreter der Arbeitgeberverbände halten die paritätische Mitbestimmung in ihrer heutigen Form für nicht zeitgemäß und sprechen sich für die in Europa gängige Form der Drittelmitbestimmung aus. Gegen die paritätische Mitbestimmung spricht danach vor allem die Verlangsamung von Investitionsentscheidungen. Auch bei grenzüberschreitenden Firmen-Verschmelzungen wird die unternehmerische Mitbestimmung überwiegend als hinderlich angesehen. Dem stehen Vorstellungen der Gewerkschaftsvertreter entgegen, dass die Mitbestimmung ausgeweitet werden müsse. Sie halten die Mitbestimmung für einen Standortvorteil Deutschlands und weisen darauf hin, dass die Gründungen europäischer Gesellschaften bisher in Ländern mit starker Mitbestimmungstradition stattgefunden hätten. Unter Vorsitz von Kurt Biedenkopf wurde eine Regierungskommission beauftragt, die Empfehlungen zur Entwicklung der Mitbestimmung in Zeiten der Globalisierung erarbeitete. Ihr Fazit: Die Mitsprache der Arbeitnehmer hat sich bewährt, sie ist in Europa kein Exot – und in Zukunft dürfte sie noch wichtiger werden. Auch in Zeiten des internationalen Wettbewerbs mache die Arbeitnehmerbeteiligung made in Germany eine gute Figur. Im Kommissionsbericht heißt es: »Diese Beurteilung der wirtschaftlichen Auswirkungen der deutschen Unternehmensmitbestimmung ändert sich auch dann nicht, wenn man die in den letzten Jahren veränderten wirtschaftlichen Bedingungen in Betracht zieht.« Trotz des »Erfolgsmodells der deutschen Mitbestimmung« fordern führende Politiker, dass die Mitbestimmungsrechte mit den globalen und europäischen Herausforderungen Schritt halten müssen. Ansonsten, so ein Argument, würden ausländische Investoren einen Bogen um Deutschland machen.

Kommentar

Interessanterweise sucht man das Stichwort »Mitbestimmung« im grundlegenden »Kompendium der Soziallehre der Kirche« vergebens; ein Hinweis vielleicht darauf, dass mit der Mitbestimmung ein spezifischer Weg deutscher Sozialpolitik berührt wird. In der Tat ist die Form der paritätischen Mitbestimmung eine typisch deutsche Erfindung der 1970er Jahre: Arbeitgeber und Arbeitnehmer besetzen in gleicher Zahl bei größeren Unternehmen den Aufsichtsrat oder ähnlich strukturierte Entscheidungsgremien. Sichergestellt werden sollte und soll bis heute damit eine Errungenschaft des Sozialstaats, die auch die katholische Soziallehre kennt und für wichtig hält: Dass nämlich die Arbeitnehmer, die ohne nennenswertes eigenes Kapital und nur im Besitz ihrer Arbeitskraft sind, nicht einfach nur ihre Arbeitskraft dem Kapitaleigner oder dem Unternehmen zur Verfügung stellen, sondern wirklich am Produktionsprozess und somit an Entscheidungen beteiligt sind.

Daher formuliert das erwähnte »Kompendium der Soziallehre der Kirche« unter der programmatischen Überschrift »Die Arbeit: Anspruch auf Beteiligung« und zitiert Teile der aus der bahnbrechenden Enzyklika »Laborem exercens« (1981) von Papst Johannes Paul II., dass »jeder aufgrund der eigenen Arbeit den vollen Anspruch hat, sich zugleich als Miteigentümer der großen Werkstätte zu betrachten, in der er gemeinsam mit allen anderen arbeitet«. Weiter heißt es: »Die neue Organisation der Arbeit, in der Wissen mehr zählt als der bloße Besitz von Produktionsmitteln, belegt ganz konkret, dass die Arbeit aufgrund ihres subjektiven Charakters ein Recht auf Beteiligung beinhaltet: Es ist unerlässlich, sich dieser Tatsache bewusst zu werden, wenn man die Stellung der Arbeit im Produktionsprozess richtig bewerten und Formen der Beteiligung finden will, die in der Besonderheit der vielfältigen konkreten Situationen mit der Subjektivität der Arbeit vereinbar sind.« (Nr. 281) Das entscheidende Stichwort ist aus Sicht der katholischen Soziallehre also die »Subjektivität der menschlichen Arbeit«: Die Person hat nicht nur ihre Arbeitskraft, die sie gegen Entgelt zur Verfügung stellen kann, sie ist in gewisser Hinsicht ihre Arbeit, insofern sich ihre Talente und Ideen, ja die ganze Persönlichkeit in der Arbeit entfalten. Man mag das für hoffnungslos verstaubte und versponnene Sozialromantik halten, eines jedoch wird deutlich: Die katholische Soziallehre hält an der Überwindung des Gegensatzes von Arbeit und Kapital fest, ein Gegensatz, der auch in postindustriellen und postmodernen Zeiten nicht verschwunden ist, sondern sich nur in neuem Gewande zeigt. Die Soziallehre betrachtet somit die menschliche Arbeitskraft nicht einfach nur als beliebig zu verkaufendes Objekt, sondern unterstreicht demgegenüber die subjektive Seite der Arbeit eines Menschen. Das aber heißt konkret: Kein Arbeiter kann und darf einfach nur ein Rädchen in einer von fern gelenkten Maschine sein, vielmehr verwirklicht er sich selbst und seine Persönlichkeit in einem Unternehmen, das dadurch ein Teil seines eigenen Lebens wird. Nochmals: Im Zeitalter globaler und anonymisierter Unternehmen, die sich einzig der Rendite und dem Profit der Aktionäre und Anteilseigner verpflichtet sehen, mag man über eine solche altfränkische und idealisierte Sichtweise lächeln. Aber ist es nicht das Schicksal eines jeden Ideals, immer zunächst belächelt zu werden, um dann allmählich und schrittweise in die Wirklichkeit umgesetzt zu werden? Und es bleibt ein unaufgebbares Ideal der katholischen Soziallehre, dass jeder arbeitende Mensch sich an seinem Arbeitsplatz nicht entfremdet, sondern heimisch und als Person ernst genommen fühlt.

In dieser Sicht ist die paritätische Mitbestimmung wie auch jede Form der Kapitalbeteiligung in Arbeitnehmerhand durchaus ein Meilenstein auf dem Weg zu einer schrittweisen Humanisierung der Arbeitswelt. Es ist freilich kein Allheilmittel, nicht gefeit gegen Missbrauch und gegen Absprachen der Vertreter von Arbeitnehmern und Arbeitgebern unter sich zum langfristigen Schaden des Unternehmens und der Beschäftigten. So bedarf es der ständigen Überprüfung und Transparenz, um einerseits das Ziel echter Mitbestimmung zu erreichen und andererseits privater Korruption zu wehren. Mitbestimmung und Kapitalbeteiligung können und sollen ein wirksames Instrument sein, um Arbeitnehmer wirksam am Unternehmen zu beteiligen – das ist ihr gutes Recht! Und vor Absprachen und möglicher Korruption ist man in menschlich allzu menschlicher Gesellschaft niemals gefeit, auch nicht bei einer Reduzierung der Mitbestimmung auf eine bloße Drittelbeteiligung der Gewerkschaften, es sei denn, man dächte an ein Drittel unabhängiger Fachleute in allen größeren Aufsichtsräten – aber wo sollten die herkommen, und wer wäre dazu dauerhaft bereit? Besser scheint es da, die Transparenz von Entscheidungen in Aufsichtsräten gegenüber den Hauptversammlungen zu verbessern und diese selbst noch stärker als bisher zu einer wirksamen Kontrolle zu ermutigen, damit nicht auf Dauer ein Chor willfähriger Claqueure längst feststehende Entscheidungen einfachhin abnickt. Zudem sollte der Gesetzgeber eine Karenzzeit zwischen Vorstandsmitgliedschaft und Aufsichtsrat vorschreiben. Denn: Macht und Einfluss korrumpieren auf Dauer auch den tugendhaftesten Menschen, der eigene Horizont bleibt sich treu und versteinert unter der Hand, neue Perspektiven geraten je länger je weniger in den Blick, zunehmende Betriebsblindheit kaschiert sich allzu gern als immer schon bewährte Tradition. Nur gesunde und transparente Strukturen und klare gesetzliche Vorgaben helfen auf Dauer, das Gemeinwohl und die beiderseitigen Rechte von Arbeitnehmern und Arbeitgebern im Blick zu behalten.

13. Öffentliche Finanzen und gerechte Steuern

Die Schuldenuhr des Bundes der Steuerzahler konnte Ende 2007 wegen der höheren Steuereinnahmen neu justiert werden. War der Verband zuvor von einer bundesweiten sekündlichen Neuverschuldung von 1056 Euro ausgegangen, konnte die Anzeige der Schuldenuhr auf 500 Euro pro Sekunde gesenkt werden. Der konjunkturelle Aufschwung brachte unerwartete Steuermehreinnahmen, die die Staatsverschuldung eindämmen sollen.

Dennoch: Seit 40 Jahren nimmt die Verschuldung der öffentlichen Haushalte stetig zu. Die gesamtstaatliche Schuldenquote hat sich in den vergangenen zehn Jahren auf weit über 60 Prozent des Bruttoinlandsprodukts erhöht. Der Schuldenstand von 1,5 Billionen Euro bindet in Bund, Ländern und Kommunen zunehmend öffentliche Mittel. Allein die jährlichen Zinszahlungen des Bundes belaufen sich auf mittlerweile 39 Milliarden Euro. Einzelne Bundesländer befinden sich schon seit langem in einer Finanzkrise, und neue Krisenfälle treten hinzu. Über mehr als ein Jahrzehnt haben Bremen und das Saarland so genannte Sanierungs-Bundesergänzungszuweisungen erhalten, die ihnen helfen sollten, sich aus ihrer Haushalts-Notlage zu befreien. Die Ergebnisse des Sanierungsaufwands sind bislang alles andere als ermutigend. Das Land Berlin befindet sich seit Jahren in einer Haushaltskrise und hat erfolglos versucht, Ansprüche an die bundesstaatliche Gemeinschaft zur Sanierung seines Haushalts beim Bundesverfassungsgericht durchzusetzen.

Die Entwicklung der öffentlichen Verschuldung ist weder durch den Europäischen Stabilitäts- und Wachstumspakt noch durch nationale Gesetze verhindert worden: Nach Artikel 115 des Grundgesetzes bestehen ein Parlamentsvorbehalt und eine inhaltliche Begrenzung, wonach die Kredite die Summe der Investitionen nicht übersteigen dürfen. Im 1992 festgelegten Europäischen Stabilitätspakt (Maastricht-

Vertrag) hat sich Deutschland verpflichtet, dass die Gesamtverschuldung eine Grenze von 60 Prozent des Bruttoinlandsprodukts nicht überschreiten darf. Tatsächlich lag die aufgelaufene Gesamtverschuldung Ende 2006 bei 1,5 Billionen Euro und damit bei 67 Prozent.

Mit juristischen Mitteln lässt sich die Haushaltspolitik nicht in den Griff bekommen. Im Juli 2007 wies das Bundesverfassungsgericht die Klage von Union und FDP gegen den Etat des Bundes für 2004 zurück. Nach Überzeugung der Richter hatte die rot-grüne Bundesregierung 2003 zu Recht eine Störung des gesamtwirtschaftlichen Gleichgewichts festgestellt. Dies war die entscheidende Rechtfertigung dafür, dass der Haushalt 2004 eine höhere Summe für neue Schulden als für Investitionsausgaben auswies. Das Gericht argumentierte, dass die damalige Bundesregierung die wirtschaftliche Situation mit weiteren Sparmaßnahmen nicht verschärfen wollte. Von daher konnte sich die Regierung auf eine Ausnahmebestimmung im Artikel 115 des Grundgesetzes berufen. Die Richter ergänzten, dass die seit Jahrzehnten betriebene staatliche Verschuldenspolitik in Deutschland einseitig zur Vermehrung der Schulden beigetragen habe. Dies hemme das Wirtschaftswachstum, verenge Handlungsspielräume des Staates und verlagere Finanzierungslasten auf künftige Generationen. Entwickelt werden müssten Mechanismen, um dem Anreiz zur Verschiebung von Ausgleichslasten auf nachfolgende Legislaturperioden entgegenzuwirken. Artikel 115 sei als Instrument der Steuerung und Begrenzung unwirksam. Bundestag und Bundesrat müssten neue Direktiven für Verschuldungsspielräume aufstellen.

Ähnlich wie das Bundesverfassungsgericht argumentieren Kritiker der Verschuldungspolitik, dass durch die Staatsverschuldung die jetzige Generation auf Kosten zukünftiger Generationen lebe. Danach seien Staatsschulden auf die Zukunft verschobene Steuererhöhungen, die dann von den nachfolgenden Generationen zu tragen sind. Politiker rücken mittlerweile bei Beratungen zum »Gesetz zur Sicherung der Handlungsfähigkeit von Haushaltspolitik in der Zukunft«

die Generationengerechtigkeit in den Mittelpunkt: Schulden zur Finanzierung von Ausgaben in der Gegenwart müssten unsere Kinder mit Zinseszins zurückzahlen, wodurch ihre Chancen und Gestaltungsmöglichkeiten wesentlich eingeschränkt würden.

Über den Verlauf der Staatsverschuldung gibt es unterschiedliche Einschätzungen. Das Kölner Institut der deutschen Wirtschaft befürchtet, dass zum Jahr 2050 trotz eines eisernen Sparkurses der Finanzminister in Bund und Ländern der Schuldenberg auf das Zweieinhalbfache des Bruttoinlandprodukts anwachsen wird. Das würde einen Schuldenstand von fünf Billionen Euro bedeuten. Die Wirtschaftsforscher begründen dieses Szenario mit der Überalterung der Gesellschaft. Diese werde die öffentlichen Kassen durch höhere Renten- und Pensionszahlungen sowie durch steigende Pflege- und Gesundheitsleistungen belasten. Entscheidenden Anteil an der Steigerung haben die Pensionszahlungen an ehemalige Beamte in den kommenden Jahrzehnten. Ab 2030 kommen auch die geburtenstarken Jahrgänge der 1960er Jahre ins Pensionsalter. Die Belastungen sind deshalb so hoch, weil der Staat erst vor kurzem damit begonnen hat, Rücklagen für die Alterssicherung der Beamten zu bilden.

Zu einer anderen Einschätzung kommt das Bundesfinanzministerium, das auf die Schuldenbremse treten will. Als Leitgedanke gilt, dass eine Neuverschuldung im konjunkturellen Abschwung erlaubt ist, die Schulden im Aufschwung aber wieder vom Staat zurückgezahlt werden müssen. Unter Einbeziehung eines wirtschaftlichen Aufschwungs hat das Bundeskabinett einen Finanzplan vorgelegt, mit dem 2011 erstmals seit mehr als 40 Jahren wieder ein ausgeglichener Haushalt erreicht wird. »Mit der Beendigung der Neuverschuldung bis 2011 wird eine Trendwende zugunsten der kommenden Generationen erreicht«, heißt es im Finanzplan des Bundes. Dabei soll künftig nicht nur dauerhaft die Einhaltung der Regelverschuldensgrenze des Artikel 115 Grundgesetz sowie der Defizitgrenze des Europäischen

Stabilitäts- und Wachstumspaktes sichergestellt, sondern sowohl die Nettokreditaufnahme als auch das strukturelle Defizit des Bundeshaushalts insgesamt weiter stufenweise zurückgeführt werden.

Mit der positiven wirtschaftlichen Prognose wachsen aber auch die Begehrlichkeiten: Die einzelnen Ministerien melden Ansprüche an, und ebenso fordern die Bundesbürger Steuerentlastungen. Die öffentlichen Finanzen beruhen zum großen Teil auf Steuern und Abgaben. Sie bilden die Grundlage eines politischen Systems, sie verschaffen dem Staat Geld, damit er seine Aufgaben erfüllen kann: Bildung, Gesundheitswesen, öffentliche Infrastruktur, soziale Absicherung oder die innere und äußere Sicherheit zählen zu diesen Bereichen. Schulen, Straßen, Krankenhäuser und Kindergärten müssen ebenso bezahlt werden wie der Umweltschutz und die Gerichte. Die entscheidenden Fragen lauten: Wie hoch dürfen die Steuern sein, und wie lässt sich die Verteilungsgerechtigkeit herstellen? Dass die Steuern niedrig, einfach und gerecht sein sollen, fordern im Grund alle Parteien. Doch das Steuersystem stellt sich komplex dar: Jeder soll nach seiner wirtschaftlichen Leistungsfähigkeit Steuern entrichten. Jeder Einzelfall soll außerdem steuerlich so individuell und gerecht wie möglich behandelt werden. Hinzu kommt, dass der Staat Steuern genau wie Steuervergünstigungen zu wirtschafts- und finanzpolitischen Lenkungszwecken nach dem Motto »Steuern durch Steuern« einsetzt.

Bei der Gestaltung des Steuersystems stellen sich immer die Fragen: Wie viel Ungleichheit will und darf der Staat zulassen? Wer soll belastet werden, wer entlastet? Wie stark will der Staat die Wirtschaft und das Verhalten seiner Bürger per Steuern steuern? Es geht um das grundsätzliche Verständnis dessen, was Aufgabe des Staates sein soll. Ein System der Steuergerechtigkeit hat noch nie Konsens gefunden. Nicht einmal mehr die Fachleute überblicken derzeit das deutsche Steuerrecht mit allen seinen juristischen und bürokratischen Regeln. Die Steuererklärung, in zehn Minuten auszufüllen und auf der Größe eines »Bierdeckels« passend, war und ist ein leeres Versprechen. Die Steuerpolitik folgt der Einschätzung: Die Bürger sollen Steuern zahlen, sie sollen aber nicht geschröpft werden. Denn es liegt im Interesse des Staates, dass die Quelle des Staates nicht versiegt, sondern dass die Menschen bereit und fähig sind, ihre Steuern auch weiterhin zu bezahlen.

In Deutschland gelten bislang unterschiedliche Steuersätze: 25 Prozent für Zinsen, Dividenden und private Veräußerungsgewinne, 28,25 Prozent für einbehaltene Unternehmensgewinne und den progressiven Tarif für Einkünfte aus abhängiger Arbeit, Vermietung oder selbstständiger Arbeit. Je nach Verdienst liegt dort die Belastung zwischen 15 und 42 Prozent, für hohe Einkommen hat man den Spitzensatz auf 45 Prozent gesetzt. In allen Fällen kommt der Solidaritätszuschlag von 5,5 Prozent auf die Steuerschuld hinzu. Zuletzt gab es die umstrittene Erhöhung der Mehrwertsteuer auf 19 Prozent, die vor allem Geringverdiener belastet, aber auch die Reform der Erbschaftssteuer, die die Vermögenden höher belastet und dem Staat mehr Einnahmen sichern soll. Sozialverbände und Gewerkschaften bewerten die Steuerreformen der letzten Jahre als »Umverteilung von unten nach oben«. Sie fordern ein Ende der Steuervergünstigungen und eine Entlastung der Steuerzahler in den unteren Einkommensschichten. Sie plädieren für höhere Steuereinnahmen und starke öffentliche Finanzen, damit der Staat wieder mehr öffentliche Aufgaben wahrnehmen kann.

Kommentar

Seit es den Staat gibt, besteht der alte Streit um dessen Aufgaben und deren Finanzierung: Was ist unbedingt und notwendig Aufgabe des Staates, was kann der Einzelne oder können die kleineren Einheiten in eigener Verantwortung, womöglich sogar in eigener Finanzierung leisten? Die katholische Soziallehre bekräftigt in der Enzyklika »Quadragesimo anno« (1931) Papst Pius` XI. das so genannte Prinzip der Subsidiarität, abgeleitet vom lateinischen Wort »subsidium«, was soviel heißt wie »Hilfe, Unterstützung«. Kurz gesagt meint das Prinzip, der Staat sei verpflichtet, der Person oder mehreren Personen Hilfe zur Selbsthilfe zu gewährleisten. Das heißt umgekehrt dann auch: Der Staat soll und darf aus dieser sozialethischen Sicht nur das tun, was kleinere Einheiten oder Privatpersonen nicht tun können. Das Prinzip der Subsidiarität ist ein Prinzip der Leistungsbereitschaft und der Eigenverantwortung zugleich, es ist aber keineswegs einfach ein Prinzip der Delegation oder der bloßen Privatisierung. Subsidiarität meint vielmehr: Der Staat unterstützt auch und gerade finanziell die berechtigten und überlegten Einzelinitiativen seiner Bürger, ohne alles selbst in die (ideologische oder gar totalitäre) Hand nehmen zu wollen. Jeder »Lufthoheit über den Kinderbetten«, von der einstens unglückseligerweise ein deutscher Politiker phantasierte, ist damit eine deutliche Absage erteilt.

Unabhängig davon aber muss dann demokratisch entschieden werden, was vollkommen privater Initiative überlassen bleibt und demnach auch keine finanzielle Unterstützung (auch nicht in Form versteckter Subventionen) vom Staat erhält, und was demgegenüber zwar privat organisiert, aber durch die Allgemeinheit finanziert wird, wie etwa Krankenhäuser und Arztpraxen, Schulen und Kindergärten. Hier liegt der Sinn der Besteuerung: Gelder der Allgemeinheit, der Staatsbürger also, werden in Gerechtigkeit gegenüber dem Leistungsvermögen der steuerpflichtigen Bürger eingesammelt und für öffentliche Aufgaben verwendet.

Das »Kompendium der Soziallehre der Kirche« bestätigt daher: »Die Steuereinnahmen und die öffentlichen Ausgaben sind für jede zivile und politische Gemeinschaft von entscheidender Bedeutung: Das Ziel, das angestrebt werden muss, ist ein öffentliches Finanzwesen, das geeignet ist, als ein Werkzeug der Entwicklung und Solidarität zu dienen.« (Nr. 355) Ein Blick auf Staaten wie etwa Paraguay, die kaum ein funktionierendes Steuersystem kennen, beweist, wie bitter nötig eine funktionierende Besteuerung ist, um ein Land für alle seine Bürger, und nicht nur für eine schmale parasitäre Schicht von Oligarchien, und für das Wohlergehen aller zu entwickeln.

Das erwähnte Kompendium fährt aber auch fort: »Das öffentliche Finanzwesen ist dann auf das Gemeinwohl ausgerichtet, wenn es sich an einige grundlegende Prinzipien hält: das Zahlen der Steuern als Aspekt der Solidaritätspflicht; Vernünftigkeit und Billigkeit bei der Auferlegung der Abgaben; Strenge und Integrität bei der Verwaltung und Verwendung der öffentlichen Ressourcen.« Damit sind drei bedeutsame Aspekte angesprochen.

Zunächst: Steuern dienen auch der Umsteuerung, also der Umverteilung von leistungsstärkeren zu leistungsschwächeren Bürgern, und zwar aus Gründen der Solidarität aller Bürger untereinander. Denn ein Staat ist nicht einfach nur eine Zugewinn-Gemeinschaft von wenigen (oder, mit Augustinus gesprochen, eine gut organisierte Räuberbande auf der Suche nach Gewinn), sondern eine ideelle Lebensform, in der Stärkere bereit sind, für Schwächere einzustehen und ganz konkret auch mit ihnen zu teilen – wobei der Staat wiederum dafür zu sorgen hat, dass die Bereitschaft und Fähigkeit zur Leistung von vielen nicht von wenigen moralischen Trittbrettfahrern dauerhaft ausgenutzt wird.

Zweitens: Die Steuern dürfen freilich nicht so hoch sein, dass diese Leistungsbereitschaft der Bürger erlahmt und sodann kostbares Investitionskapital ins Ausland flüchtet. Kapital ist ein flüchtiges Reh, heute mehr denn je. Skandinavische Staaten haben in den 1970er Jahren vorgemacht, wie sehr die Neigung zur Investition erlahmt, wenn fast jeder private Gewinn zugunsten allgemeiner Staatsaufgaben weggesteuert wird.

Und schließlich: Der Staat verwaltet kein eigenes Geld, sondern die mühsam erwirtschafteten Gelder seiner Bürger, er ist Treuhänder und muss jede Ausgabe daher verantworten. Staatswirtschaft meint nämlich häufig: Niemand fühlt sich wirklich verantwortlich, und immer weniger wird auf ordnungsgemäße und sinnvolle Verwendung der Steuergelder geachtet. Aus dieser Sicht verteidigt etwa der heilige Thomas von Aquin das Privateigentum mit dem Argument, private Güter würden sorgfältiger verwaltet als öffentliche – wie wahr! Es braucht den starken Staat, aber den, der stark ist zuerst durch die geförderten privaten Leistungen seiner Bürger. Dann kann und soll er auch in aller Namen Benachteiligte und Schwächere, zum Beispiel Familien mit Kindern, unterstützen. Die Steuerlast darf also, auch im internationalen Vergleich, nicht so extrem hoch sein, dass jede private Leistung und Investition unattraktiv erscheint und abstirbt. Denn von diesen Leistungen leben am Ende alle.

14. Sonntagsschutz

Der Sonntag und die Feiertage sind durch die Verfassung geschützt. Als »Tage der Arbeitsruhe und der seelischen Erbauung«, so die Formulierung im Artikel 140 des Grundgesetzes, stellen sie Teil einer biblischen Tradition dar, die die westliche Zivilisation nachhaltig geprägt hat. Ergibt dieses jahrhundertealte Gebot, den Sabbat beziehungsweise den Sonntag zu heiligen, in einer modernen, säkularen und pluralistischen Gesellschaft noch Sinn? Und kann es heute noch eine allgemeine Verbindlichkeit beanspruchen?

In juristischer Hinsicht kennt die Verfassungsnorm eine eindeutige Zielrichtung. Es geht dabei sowohl um Fragen des Sozialstaatsprinzips als auch des Religionsrechts. Es soll nicht nur gewährleistet sein, dass an Sonn- und Feiertagen nicht gearbeitet wird, sondern auch, dass Zeit für Religion und Kultur geschaffen wird. Das Gebot der Arbeitsruhe zielt auf das gesamte öffentliche Leben. In den letzten Jahren hat sich jedoch die Auffassung verbreitet, die wirtschaftlichen Interessen in den Mittelpunkt zu setzen. Dadurch geraten die Sonn- und Feiertage als Perioden der Arbeitsruhe stark unter Druck. Kirchen und Gewerkschaften beklagen eine schleichende Aushöhlung des Sonn- und Feiertagsschutzes, wenn immer mehr Bereiche für die Arbeit an diesen Tagen vereinnahmt werden.

Als Wendepunkt im Verständnis um den Schutz der Feiertagskultur gilt der 1. Juni 2000, als am Fest Christi Himmelfahrt zum ersten Mal in Deutschland an einem geschützten Feiertag Börsenhandel stattfand. Das veränderte Arbeitszeitgesetz hatte entsprechende Beschlüsse der Deutschen Börsen AG zugelassen. Danach ist an drei weiteren Feiertagen (Pfingstmontag, Fronleichnam und Tag der Deutschen Einheit) der Börsenhandel möglich. Da die Börse zu den Spitzensymbolen des Wirtschaftslebens gehört, konnte der Eindruck entstehen, es ginge in der Gesellschaft in erster Linie und vor allem um den Profit, den man eigentlich an allen Tagen als erstes verfolgen sollte. Die Kirchen sehen hier eine lange Tradition geschützter christlicher Feiertage um finanzieller Vorteile willen gefährdet.

Um den Erhalt sozialer und kultureller Errungenschaften geht es auch bei dem Konflikt um die Regelungen der Ladenöffnung am Sonntag. Nachdem mit der Föderalismusreform 2006 die Zuständigkeit für Fragen der Ladenöffnung auf die Bundesländer übergegangen ist, reagierten die Landesregierungen höchst unterschiedlich. Manche Bundesländer sind gewillt, die lange Zeit möglichen vier verkaufsoffenen Sonntage pro Jahr beizubehalten oder zu reduzieren. Sie folgen dem Verfassungsgebot, den Sonntag und die staatlich anerkannten Feiertage zu achten. Andere Bundesländer meinen, die Umsatzchancen des Handels steigern zu können, indem sie die Zahl der verkaufsoffenen Sonntage erweitern und dabei auch die Adventssonntage einbeziehen. Als erstes Landesparlament entschied Berlin über eine Freigabe des Ladenschlusses. Von Montag bis Samstag gibt es keine Beschränkungen mehr für die Öffnungszeiten. Darüber hinaus können die Geschäfte an den vier Adventssonntagen jeweils von 13 bis 20 Uhr öffnen. Zudem ist an sechs weiteren Sonn- und Feiertagen die Öffnung von Geschäften möglich. Diesem Beispiel folgte Brandenburg. In Sachsen hatte der Landtag neben den vier verkaufsoffenen Sonntagen den Weihnachtseinkauf an den Adventssonntagen von 12 bis 18 Uhr beschlossen, in Sachsen-Anhalt können die Geschäfte ebenfalls an den Adventssonntagen in der Zeit von 11 bis 20 Uhr für fünf Stunden öffnen. Die Ladenöffnung soll unter Berücksichtigung der ortsüblichen Gottesdienstzeiten erfolgen. Das Gros der Bundesländer hat an den Werktagen die Ladenöffnungszeiten freigegeben und vier verkaufsoffene Sonntage ohne die Adventssonntage gestattet. Kritiker sehen in den gelockerten Arbeitszeiten der Arbeitnehmer und der zunehmenden Freigabe der Ladenöffnungszeiten einen Trend zur »Rund-um-die-Uhr-Arbeit« und zur Ökonomisierung aller Lebensbereiche. Kirchen und Gewerkschaften beklagen gleichermaßen, dass im Bereich von Handel und Dienstleistungen die Sonntagsarbeit innerhalb der letzten zehn Jahre um die Hälfte gestiegen ist. Fast 15 Prozent aller Beschäftigten leisten heute regelmäßig Sonn- und Feiertagsarbeit. Die vielen Sonntage, an denen zusätzlich Geschäfte in Kur- und Erholungsorten geöffnet sein dürfen, die weit ausgelegte Anerkennung von Orten als Erholungsorte und Tourismusziele, die Ausweitung der Sonntagsarbeit durch die so genannte Bedarfsgewerbeordnung der Länder, die Entwicklung von Tankstellen zu Einkaufscentern und Getränkemärkten werden als schleichende Aushöhlung des Sonntagsschutzes gewertet. Einzelhändler klagen darüber, dass nicht die Verbraucher, sondern einzelne große Handelsketten die Gewinner sind. Der Konzentrationsprozess im Handelsbereich verschärft sich, und die Kommunen geraten durch die Ausnahmeregelungen beim Sonn- und Feiertagsverkauf unter gegenseitigen Wettbewerbsdruck.

Bereits bei der Genehmigung der Ausnahmeregelungen des Ladenschlussgesetzes zeigt sich, dass Kommunen gegeneinander um die »liberalste« Form der Ladenöffnungszeiten kämpfen, um die Kaufkraft in die eigene Gemeinde zu lenken. Die Gemeinden stehen zunehmend unter einem Wettbewerbsdruck. Kirchenvertreter weisen wiederholt darauf hin, dass der staatliche Schutz des Sonntags kein Schutz irgendwelcher Sonderinteressen einer kleiner werdenden christlichen Gemeinschaft zur Gewährleistung ihres religiösen Kults ist. Der Sonntagsschutz ist als Geschenk einer religiösen Gemeinschaft an die ganze Gesellschaft zu betrachten, damit diese in einem wiederkehrenden Rhythmus von gemeinschaftlicher Arbeit an den Werktagen und gemeinschaftlicher Ruhe an den Sonntagen zur Besinnung kommt, damit der Mensch Freiheit und Sinn für seine Existenz finden kann. Die Kirchen haben in ökumenischer Zusammenarbeit verschiedene Aktionen zum Sonntagsschutz gestartet. Eine öffentliche Kampagne lautete »Ohne Sonntag gibt es nur noch Werktage«.

Der frühere Ratsvorsitzende der Evangelischen Kirche in Deutschland, Manfred Kock, der für die erste Sonntagskampagne der Kirchen 1999 verantwortlich war, sagte über die zunehmende Freigabe der Sonntagsarbeit: »Beim Streit um die Ladenöffnungszeiten am Sonntag geht es nicht um eine ›Liberalisierung‹, als würden sich freiheitsliebende Kräfte gegen freiheitsfeindliche Kräfte wenden, als stünden moderne, liberal eingestellte Erlebniskäufer auf der einen Seite gegen rückwärtsgewandte und missgünstige Ultrakonservative auf der anderen Seite, als wollten die einen ihren Spaß am Sonntag haben, und die anderen wollen ihn verderben. Der verkaufsoffene Sonntag ist ein Wegbereiter in eine Zerteilung der Bevölkerung in Sonntagsgewinner und Sonntagsverlierer. Solche Sonntagsverlierer sind vor allem abhängig Beschäftigte, im Wesentlichen Frauen, sowie die Inhaber kleiner Geschäfte.«

Kommentar

Wer in Rom die Basilika San Giovanni in Laterano betritt, der sieht im rechten Seitenschiff hoch oben an der Wand (und leicht zu übersehen) ein kleines Fresco von Giotto. Es stammt noch aus dem Vorgängerbau der jetzigen Basilika und wurde aus Ehrfurcht bei der barocken Neugestaltung des Inneren übernommen. Man sieht einen Papst auf dem Balkon der alten Lateransbasilika, segnend. Es ist Papst Bonifaz VIII., der im Jahr 1300 das erste Heilige Jahr der Christenheit feierlich eröffnete. Seitdem werden solche »Jubel-Jahre« gefeiert, zunächst, nach der ursprünglichen Bestimmung des Papstes, alle 100 Jahre, dann bald auf jedes 50. Jahr vermindert, schließlich noch einmal verkürzt auf einen Zeitabstand von 25 Jahren, damit jeder Christ wenigstens einmal in seinem Leben Gelegenheit habe, zum Heiligen Jahr nach Rom zu pilgern und den Jubiläumsablass zu gewinnen. So ist es bis heute. Und wer nach Rom pilgert, der unternimmt die traditionelle Sieben-Kirchen-Wallfahrt, schreitet durch die Heiligen Pforten der großen Basiliken, die nur im Heiligen Jahr geöffnet sind, und betet an den Gräbern der Märtyrer.

Was dies alles mit dem Sonntag und der Feiertagsruhe zu tun hat? Sehr viel! Das »Kompendium der Soziallehre der Kirche« unterstreicht in der Nr. 285 in wünschenswerter Klarheit: »Der Tag des Herrn soll stets als Tag der Befreiung gelebt werden, der uns an einer ›festlichen Versammlung‹ und »an der Gemeinschaft der Erstgeborenen, die im Himmel verzeichnet sind« (Hebr 12, 22-23), teilnehmen lässt und die Feier des ewigen Pascha in der Herrlichkeit des Himmels vorwegnimmt.« Und etwas zuvor heißt es: »Die Feiertagsruhe ist ein Recht, denn »Gott ruhte am siebten Tag, nachdem er sein ganzes Werk vollbracht hatte« (Gen 2, 2).« Das genau ist der Spannungsbogen der irdischen Pilgerschaft, den der Sonntag vor Augen stellt: Der Christ ist sowohl ein Mensch des ersten wie auch des achten Tages, wie der heilige Augustinus dies einmal in seinem großartigen Werk »Vom Gottesstaat« ausdrückt. Und Papst Johannes Paul II. unterstreicht dies ähnlich in seinem Apostolischen Schreiben »Dies Domini« von 1998: »Die Feier des Sonntags, des ersten und zugleich des achten Tages, verweist den Christen auf das Ziel des ewigen Lebens.« Im Hintergrund steht zunächst der biblische Schöpfungsbericht: Gott erschafft die Welt im Sieben-Tage-Werk.

Am siebten Tag ruht er, nachdem alles sehr gut geschaffen war. Hier ist kein Polizeiprotokoll verfasst, sondern gemeint ist mit der Zahl »Sieben« die Vollkommenheit und Gutheit der Schöpfung. Die Zahl »Vier« ist in den alten Kulturen das Symbol der begrenzten Welt (der vier Himmelsrichtungen und der vier Elemente), eine Zahl weniger aber, nämlich »Drei«, ist das Symbol der Nicht-Welt, also Gottes. Drei und Vier, Gott und seine Schöpfung, ergeben zusammen Sieben, die vollkommene Einheit von Schöpfer und Schöpfung. Und daher ist das Ausruhen Gottes am siebten Tag, das die Juden bis heute durch die Sabbatruhe nachahmen, auch kein Ausruhen in Müdigkeit, sondern eine ruhige Freude über das gelungene Werk. Jeder Sabbat war und ist daher nach jüdischem Verständnis ein Tag der Freude und der Befreiung, der zugleich auf die große Befreiung am Ende der Zeit hinweist und vor Augen stellt: Welt und Mensch gehören nicht sich selbst, sondern letztlich Gott, dem Schöpfer. Der Mensch verwaltet die Welt und sein eigenes Leben im Auftrag Gottes und in Verantwortung vor ihm. Und er hat dereinst darüber Rechenschaft abzulegen. Deswegen gab es in der jüdischen Tradition nicht nur den Sabbat, sondern auch das »Jobel-Jahr« alle sieben Jahre, und ein großes Jobel-Jahr nach sieben mal sieben Jahren, also im 50. Jahr, ein großer Sabbat gleichsam, benannt nach dem Widderhorn (jobel), mit dem solche Jahre feierlich verkündet wurden. Wie der Sabbat, so stellte auch das Jobel-Jahr deutlich vor Augen: Der Mensch ist Sachwalter und Treuhänder Gottes. Daher endeten in solchen jüdischen Jubeljahren alle Pacht- und Besitzverhältnisse, alles fiel gleichsam zurück in Gottes Hände. Alles auf Erden wurde gewissermaßen auf den Punkt Null des Anfangs der Schöpfung zurückgedreht.

Die Christen übernahmen diesen jüdischen Gedanken des Sabbat und seiner Ruhe, aber sie verbanden ihn jetzt deutlicher noch als vorher mit dem ersten Tag der neuen Schöpfung, gleichsam als Überbietung der irdischen Sieben-Tage-Ordnung. Daher ist der Sonntag nach christlichem Verständnis sowohl der erste wie auch der achte Tag, Schöpfungstag und Erlösungstag, guter Anfang und beste Vollendung. Das ist dann nicht einfach ein Tag der Arbeitsruhe, wie die Französische Revolution es gründlich missverstand und daher praktischerweise die Zehn-Tage-Woche einführte mit dem Hintergedanken, neun Tage der Arbeit seien am Stück wohl zumutbar... Nein: Der Sonntag ist Erinnerung an den Anfang der Welt und den Anfang des eigenen Lebens, Anlass zur Dankbarkeit für diesen Anfang. Und er ist zugleich Ausblick auf das Ende des Lebens, die enge Pforte des Todes, die jeder zu durchschreiten hat, und auf den, der dahinter auf uns wartet und die ganze Welt in erwartungsvollen Händen hält: Gott.

Wenn aber doch jeder Mensch zur Ewigkeit Gottes berufen ist, wenn doch jeder Verantwortung für sein Leben trägt, wenn jeder einst Rechenschaft geben muss von der Verantwortung für seine Talente, dann ist eben aus christlicher Sicht wichtig, dass der Sonntag nach Möglichkeit nicht nur einfach ein spezieller christlicher Feiertag ist, sondern ein allgemeingültiger Tag der Ruhe und Besinnung für jeden Menschen. Denn jeder Mensch trägt das Verlangen in sich, über den letzten Sinn seines Lebens sich zu besinnen, nicht sinn- und besinnungslos einfach nur zu arbeiten, ohne ein Ziel vor Augen zu haben. »Man kann doch nicht mehr von Kühlschränken, Kreuzworträtseln und Bilanzen leben!«, schreibt Antoine de Saint-Exupéry, wie schon erwähnt, in einem seiner letzten Briefe. Genau dies veranschaulicht der Sonntag: Der Mensch lebt nicht von Brot und Bilanzen allein, er lebt vielmehr von der Liebe Gottes und der Liebe von Menschen, die er arbeitsfrei genießen darf. Und insofern ist der Sonntag der Ruhepunkt für jeden Menschen, von wo aus das eigene Leben und Mühen angeschaut werden sollen. Das ist der tiefste Sinn des Sonntags – und der Staat tut gut daran, ihn zu schützen gegen alle Versuchungen des besinnungslosen Konsumismus und gedankenverlorenen Zeitvertreibs, damit der Mensch nicht gegen seine Würde auf eine konsumierende Arbeitsbiene reduziert wird.

15. Streikrecht

Den großen Gewerkschaften, wie zum Beispiel »verdi«, laufen die Mitglieder weg, im öffentlichen Dienst organisieren sich immer mehr Arbeiter und Angestellte in kleinen Gewerkschaften. Cockpit und der Marburger Bund haben in den vergangenen Tarifrunden für Piloten und Ärzte ihre speziellen Eigeninteressen durchgesetzt. Auch die Gewerkschaft Deutscher Lokomotivführer (GDL) verlangte einen eigenen Tarifvertrag. Jeder streikt oder fordert für sich allein, könnte die Devise lauten. Daneben stehen inzwischen viele Tarifvereinbarungen, die nur für ein Unternehmen gelten. Betriebliche Bündnisse unterlaufen vielerorts die von den Gewerkschaften vorgegebenen Mindeststandards. In dem immer weiter wachsenden Dienstleistungssektor mit mehrheitlich befristeten Arbeitsverträgen oder Teilzeitarbeit sind die Gewerkschaften kaum noch verankert. Das Prinzip der Tarifeinheit steht auf dem Prüfstand. Dies hat Konsequenzen für mögliche Arbeitskämpfe, wie die Auseinandersetzungen zwischen Arbeitnehmern und Arbeitgebern zur Überwindung von Interessengegensätzen bei der Verhandlung von Löhnen und Arbeitsbedingungen bezeichnet werden. Dürfen einzelne Berufs- und Gewerkschaftsgruppen wie Cockpit-Piloten oder GDL-Lokführer ihre Firmen lahm legen?

Bei einem drohenden Bahnstreik im Sommer 2007 untersagte das Arbeitsgericht Nürnberg den Ausstand der Lokführer der Deutschen Bahn. Das per einstweiliger Verfügung verhängte und zeitlich auf zwei Monate befristete Streikverbot betraf den Güter- und Fernverkehr. Das Gericht begründete die lange Frist damit, dass der deutschen Volkswirtschaft durch Streiks während der Hauptreisezeit ein enormer Schaden entstehen würde. In der Entscheidung hieß es: »Durch den Streik drohen nicht nur den Antragstellern (Deutsche Bahn), sondern auch der gesamten Volkswirtschaft insbesondere in der Hauptreisezeit immense wirtschaftliche Schäden. Ein mögliches Streikrecht der Antragsgegnerin (der Gewerkschaft GDL) wird durch die vorläufige Untersagung nur befristet eingeschränkt. Im Rahmen einer Gesamtabwägung ist diese Einschränkung angesichts der irreversiblen Folgen derzeit eher hinzunehmen als einen möglicherweise rechtswidrigen Streik zuzulassen.«

Wie die GDL protestierte auch der Deutsche Gewerkschaftsbund (DGB) gegen die gesetzliche Begrenzung des Streikrechts. Unter dem Motto »Hände weg vom Streikrecht« ließ der DGB verlautbaren, dass die Gewerkschaften das verfassungsrechtlich garantierte Streikrecht mit allen ihnen zur Verfügung stehenden Mitteln gegen jeden verteidigen werden, der es einschränken will. Es sei geradezu gefährlich, wenn Arbeitsgerichte einstweilige Verfügungen gegen Streiks auch mit dem drohenden ökonomischen Schaden eines möglichen Arbeitskampfes begründen, sagte der DGB-Vorsitzende Michael Sommer, der den Sinn von Streiks so interpretiert: »Sie sollen ökonomischen Druck auf die Arbeitgeber ausüben, damit sie die berechtigten Forderungen der Gewerkschaften tarifvertraglich anerkennen. Das kann auch durch eine Gemeinwohl-Argumentation nicht ausgehebelt werden.« Der DGB kritisierte in der tariflichen Auseinandersetzung zwischen Deutsche Bahn und GDL das Verhalten der GDL, die sich gegen Tarifabschlüsse der Konkurrenzgewerkschaften Transnet und GDBA (Gewerkschaft Deutscher Bundesbahnbeamter) gewandt hat. Der DGB plädierte für einen einheitlichen Flächen- oder Haustarif bei der Deutschen Bahn. Das sollte verhindern, dass sich Gewerkschaften gegenseitig bekämpfen, anstatt gemeinsam mit den Arbeitgebern um die besten Lösungen für die Beschäftigten zu ringen.

Über viele Jahre hinweg waren Streiks in Deutschland eine Seltenheit. Laut einer Studie der Hans-Böckler-Stiftung fielen zwischen 1996 und 2005 im Durchschnitt jährlich 2,4 Arbeitstage pro tausend Beschäftigte aus. In Frankreich liegt dieser Wert bei 71 Arbeitstagen, in Spanien sogar bei 144. Doch die Streikbereitschaft der deutschen Gewerkschaften scheint sich in der Phase der konjunkturellen Erholung zu erhöhen. So gab es nach Angaben des Instituts der deutschen Wirtschaft in Deutschland 2005 weniger als 20.000, ein Jahr später schon 430.000 und im ersten Halbjahr 2007 bereits 500.000 streikbedingte Ausfalltage.

Streiks wie auch die Aussperrung auf Arbeitgeberseite sind Mittel des Arbeitskampfes im System der Tarifautonomie. Nach Artikel 9 Absatz 3 des Grundgesetzes stehen sie unter einem besonderen Rechtsschutz. Ein eigenes Arbeitskampfgesetz gibt es jedoch nicht. Die Grundsätze des Arbeitskampfrechts haben sich im Rahmen der richterlichen Rechtsprechung, besonders durch das Bundesarbeitsgericht, herausgebildet. Dabei ist das Streikrecht nicht um seiner selbst willen geschützt, sondern nur als Mittel zum Zweck des Abschlusses von Tarifverträgen. Die Arbeitsniederlegung darf nicht während der so genannten Friedenspflicht, das heißt während der Laufzeit des Tarifvertrags sowie der Dauer des Schlichtungsverfahrens, geführt werden. Der Streik muss zudem von einer Gewerkschaft getragen werden. Somit besitzen die Gewerkschaften ein Streikmonopol. Streiken einzelne oder Gruppen von Arbeitnehmern »spontan« oder »wild«, sind sie gesamtschuldnerisch haftbar. Verboten ist ein politischer Streik, der den Staat zu einem bestimmten Handeln veranlassen will. Bei einem Streik muss das Prinzip der Verhältnismäßigkeit beachtet werden. Der Arbeitskampf darf nur das letzte Mittel, die »ultima ratio«, sein. Während des Streiks sind notwendige Erhaltungsarbeiten und Notdienste durchzuführen, um eine Gefährdung der Freiheit, der Gesundheit und des Lebens der Bürger auszuschließen.

Weil während der Zeit der Arbeitsniederlegung eine Lohnzahlung entfällt, erhalten Gewerkschaftsmitglieder von ihrer Gewerkschaft eine Streikunterstützung. Auf eine Arbeitsniederlegung können die Arbeitgeber mit einer Aussperrung antworten. Sie soll die Kosten des Streiks für die Gewerkschaften erhöhen. Nach der Rechtsprechung muss bei der Aussperrung das Prinzip der Verhältnismäßigkeit beachtet werden. Kommt es zu einer »kalten Aussperrung«, bei der die Produktion außerhalb des Kampfgebiets als Reaktion auf Streiks im umkämpften Tarifgebiet eingestellt wird, erhalten diese Beschäftigten weder eine Unterstützung von den Gewerkschaften noch Kurzarbeitergeld oder Arbeitslosengeld. Ziel der Arbeitgeber ist es, durch diese Art der Aussperrung den Arbeitskampf schnell zu brechen.

Ob Streiks immer nur ein Drohinstrument darstellen, um höhere Löhne durchzusetzen, wird bezweifelt. Da die Gewerkschaften vielerorts Mitglieder verlieren und aufgrund der zahlreichen Fusionen zunehmend heterogene Mitgliederinteressen bündeln müssen, dient der Arbeitskonflikt nach Meinung einiger Experten auch dazu, die Mitglieder von den internen Schwierigkeiten abzulenken und stärker auf die Gruppenziele zu verpflichten. Gelegentlich werden Streiks als ein gesamtwirtschaftlich teures Mittel zur Durchsetzung tarifpolitischer Ziele bewertet. Für Unternehmen kann ein Kostenproblem entstehen, das sich negativ auf Wettbewerbsfähigkeit und Beschäftigung auswirkt. Gelegentlich wird ein Ende des Streikrechts gefordert. Stattdessen soll der ordentliche Rechtsweg eröffnet werden. Gerichte sollen Auseinandersetzungen zwischen Arbeitnehmern und Arbeitgebern um Löhne und Arbeitsbedingungen beilegen können. Verwiesen wird dabei auf die Beamten. Sie haben kein Streikrecht und müssen vor Gericht gegen Kürzungen von Pensionen, Weihnachts- und Urlaubsgeld klagen.

Kommentar

Im »Kompendium der Soziallehre der Kirche« heißt es zum Streikrecht der Arbeitnehmer: »Die Soziallehre erkennt die Rechtmäßigkeit des Streiks an, wenn er ein unvermeidliches, ja notwendiges Mittel zu einem angemessenen Nutzen darstellt, nachdem alle anderen Mittel der Konfliktbewältigung sich als unwirksam erwiesen haben.« (Nr. 304) Gut gebrüllt, Löwe, könnte man wohl etwas amüsiert denken, so klug wäre der gesunde Menschenverstand eventuell auch ohne einen Sozialkatechismus... Aber gemach, denn in der

Tat ist die katholische Soziallehre in weiten Teilen und vom Ansatz her eine Frage des gesunden Menschenverstandes, theologisch gesprochen: eine Frage des Naturrechts, also dessen, was jeder Mensch von Natur aus mit der Vernunft als gut und gerecht einsieht. Konkret für unseren Fall des Streikrechts: Gemeinwohl geht vor Eigennutz, aber auch: Person geht vor Kollektiv. So weit, so gut. Aber es ist in der Ethik und in der Soziallehre wie im richtigen Leben: Der Teufel steckt bekanntlich im Detail, oder vornehmer mit dem heiligen Thomas von Aquin ausgedrückt: Je konkreter ein Grundsatz angewandt werden soll, desto mehr Ausnahmen von der ursprünglichen Grundregel gibt es!

Ursprünglich nämlich war der Streik entstanden in den Zeiten eines ungebremsten Manchester-Liberalismus des 19. Jahrhunderts, als ein Mittel des Klassenkampfes zwischen besitzender und besitzloser Klasse, als ein Mittel der abhängigen Arbeiterschaft, um ihre Interessen einigermaßen zu schützen und durchzusetzen und um sich gegen eine rücksichtslose Ausbeutung wehren zu können. Diese Situation eines relativ anarchischen Kapitalismus hat sich freilich grundlegend gewandelt. Wir leben nicht mehr in Zeiten des Klassenkampfs, und niemand wird in fundamentaler Weise ausgebeutet. Aber dennoch kann der Streik seine Berechtigung behalten, auch und gerade in Zeiten der Globalisierung, wenn Eigentümer einer Fabrik in der Anonymität von Aktiengesellschaften verschwinden, weit weg vom Standort der Produktion und der Arbeitnehmer. Niemand kann gegen ökonomische Fakten anstreiken, und die Arbeitslöhne in Deutschland sind infolge der hohen Lohnzusatzkosten (aufgrund der Finanzierung der ausgeweiteten Sozialversicherungen) schlicht zu hoch im internationalen Wettbewerb. Ein Blick auf die immer wieder aufflammenden Streiks im öffentlichen Dienst zeigt deutlich: Eine Verlängerung der Wochenarbeitszeit verstößt sicher nicht gegen die Menschenrechte. Sie kann aber im Gegenteil helfen, die dramatische Finanzlage der Kommunen zu entlasten. Aber andererseits zwingt ein Streik oftmals auch die Arbeitgeber, noch genauer und sorgfältiger hinzuschauen und an sozialverträglichen Lösungen zu feilen, denn Arbeitslosigkeit ist in der Tat eine (leider oft nicht zu vermeidende) Verletzung der individuellen Menschenwürde.

Ein Streik kann nie die genaue Analyse und Therapie ersetzen, die in unserem Fall für den Produktionsstandort Deutschland im Ansatz so lauten könnte: Einfache Fertigungen und Produktionsvorgänge sind im internationalen Vergleich zu teuer und können vom Staat und der öffentlichen Hand nicht auf Dauer durch subventionierte Löhne künstlich am Leben erhalten werden. Ob wir absehbar zu Vollbeschäftigung finden, ist mehr als zweifelhaft. Eines aber ist sicher: Nur durch eine Reform der lohnfinanzierten Sozialversicherungssysteme und durch eine Senkung der Lohnzusatzkosten wird es gelingen, ein Ansteigen der Arbeitslosigkeit zu vermeiden. Streiks sind daher, ganz wie in der Frühzeit des Kapitalismus und der Industrialisierung, eher ein Ausdruck verständlicher Hilflosigkeit und ein Alarmsignal, das auf die Reformbedürftigkeit einer sozialen Marktwirtschaft mit Nachdruck hinweist.

16. Krankenversicherung und Gesundheitsversorgung

»Was nützte mir der ganzen Erde Geld? Kein kranker Mensch genießt der Welt«, reimte schon der junge Student Johann Wolfgang von Goethe. Niemand würde Goethe widersprechen wollen, wenn er meint, dass Medizin mehr als nur eine Kostenfrage bedeutet. Und doch drehen sich alle Diskussionen in der Gesundheitsversorgung um die Frage, wer die Kosten tragen soll und wie viele Steuermittel in das System der Krankenversicherung fließen sollen. Das deutsche Gesundheitssystem gelangt an die Grenze seiner Leistungsfähigkeit. Ursachen dafür sind wünschenswerte, aber teure

Fortschritte in der Medizin und eine alternde Gesellschaft, die die Nachfrage nach medizinischen Leistungen steigen lässt. Sie lassen die Schere zwischen dem medizinisch Sinnvollen und dem ökonomisch Machbaren immer weiter aufgehen. Entscheidungen darüber, wem welche Leistungen gewährt oder aus finanziellen Gründen versagt werden sollen, werden für das künftige Verhältnis von Arzt und Patient eine immer wichtigere Rolle spielen. Die Suche nach Kriterien der Gerechtigkeit im Gesundheitswesen wird begleitet von einem tief verankerten Verständnis von Gesundheit als einem besonderen Gut, das allen Menschen uneingeschränkt zur Verfügung stehen sollte. Doch wie kann es gelingen, Behandlungen zu begrenzen und dennoch eine gerechte Versorgung mit medizinischen Leistungen sicherzustellen?

Die Politik wollte eine Antwort mit der mühsam zustande gekommenen und im April 2007 verabschiedeten Gesundheitsreform geben. Diese Reform soll einen bislang nicht gekannten Wettbewerb der Versicherer zugunsten der Patienten auslösen. Zu den wichtigsten Punkten der Reform gehören der Gesundheitsfonds und die Versicherungspflicht für alle Bürger. In vollem Umfang greift sie 2009. Schätzungen zufolge leben etwa 250.000 Menschen ohne Versicherungsschutz. Der Gesundheitsfonds bündelt die Finanzierung der neuen Gesundheitsversicherung. Die gesetzlichen Krankenkassen bestimmen nicht mehr über die Höhe der Beiträge der Versicherten und Arbeitgeber. Ab 2009 werden die Beiträge der Versicherten und der Arbeitgeber an den Gesundheitsfonds weitergeleitet. Für jeden Versicherten erhalten die Krankenkassen dann aus dem Gesundheitsfonds einen einheitlichen Betrag. Außerdem werden die je nach Krankenkasse unterschiedlichen Risiken wie Alter und Krankheit der Versicherten durch eine der Höhe des Risikos entsprechende ergänzende Zuweisung ausgeglichen. Vereinbart wurde, ab 2008 der gesetzlichen Krankenversicherung Mittel für gesamtgesellschaftliche Aufgaben aus dem Steueraufkommen zur Verfügung zu stellen. In den Folgejahren werden wachsende Zuschüsse in die gesetzliche Krankenversicherung fließen. 2008 sind es 2,5 Milliarden Euro. In den folgenden Jahren steigt der Zuwachs um jährlich 1,5 Millionen Euro bis auf 14 Milliarden Euro an. Mit Beschluss der Reform müssen alle Kassen empfohlene Impfungen voll bezahlen. Das Gleiche gilt für Eltern-Kind-Kuren, Reha-Behandlungen für alte Menschen und für die Betreuung Schwerstkranker und Sterbender in den eigenen vier Wänden. Wer Vorsorge-Untersuchungen versäumt und später schwer krank wird, muss mehr zuzahlen. Nach Vorgaben der Präventionsrichtlinien sollen die Kassen für 45- bis 55-Jährige Angebote zur Früherkennung von Krankheiten vorlegen, ähnlich wie bei den Vorsorgescheckheften beim Zahnersatz. Dafür sollen Bonus- und Malus-Regelungen gelten, damit die Bürger die Leistungen beanspruchen.

Diese Vorgaben werden damit begründet, weil immer neue Vorhersage- und Früherkennungstechnologien Patienten eine größere Chance auf Heilung eröffnen. Statt wie bisher 70 bis 80 Prozent der vorhandenen Ressourcen im Gesundheitswesen in die Behandlung fortgeschrittener Krankheiten zu investieren, soll die Förderung von Vorsorge-Untersuchungen langfristig zu einer kostengünstigeren medizinischen Versorgung führen. Ziel ist es, nicht nur länger zu leben, sondern darüber hinaus mehr gesunde und leistungsstarke Lebensjahre zu verschaffen. Die Reform setzt entsprechend auf individuelle Verantwortung. Wer sein Erkrankungsrisiko durch Vorsorgeuntersuchungen und einen gesundheitsbewussten Lebensstil senkt, soll mit niedrigeren Beiträgen belohnt werden. Die Behandlung von Komplikationen nach Piercings oder Schönheitsoperationen wird nicht mehr bezahlt. Zudem sollen die Kosten für Hilfsmittel und Arzneien weiter gedrückt werden. Medikamente dürfen nicht nur darauf getestet werden, ob sie überhaupt nützen, sondern auch darauf, ob sie einen höheren Preis wert sind. Änderungen erfahren auch die privaten Krankenkassen: Privatversicherte können leichter ihren Anbieter wechseln und ihre angesparten Altersrückstellungen mitnehmen. Für freiwillig Versicherte, also gutverdienende Angestellte, gibt es einen Basistarif, der den Leistungen der gesetzlichen Kassen entspricht. Die Privatkassen dürfen keinen Kunden ablehnen oder Risikozuschläge für Kranke verlangen. Die Prämien sollen bezahlbar sein.

Die Modernisierung des Gesundheitswesens soll durch das Prinzip des Wettbewerbs erreicht werden: Trotz des einheitlichen Beitragssatzes in der gesetzlichen Krankenversicherung ab 2009 sollen die Kassen ihren Wettbewerb untereinander verstärken. Obwohl die Grundleistungen bei allen gleich bleiben, können Mitglieder Geld sparen, wenn sie einen Hausarzt-, Selbstbeteiligungs- oder Kostenerstattungstarif wählen. Die Kassen bekommen mehr Möglichkeiten, mit den Herstellern günstige Preise für Arzneimittel auszuhandeln. Um Zusammenschlüsse zu erleichtern, dürfen verschiedene Kassenarten wie Orts- oder Betriebskrankenkassen fusionieren. Überschüsse können die Krankenkassen ihren Versicherten in Form von Beitragsrückzahlungen erstatten.

Die Befürworter der Gesundheitsreform setzen auf das ökonomische Prinzip des Wettbewerbs, ein Instrument, das möglichst gute Leistungen beziehungsweise Leistungen zu einem möglichst günstigen Preis hervorbringen soll. Informationsschriften der Bundesregierung zur Reform interpretieren dieses Prinzip so: Wettbewerb bedeutet, dass die Krankenkassen ihre Vertragsmöglichkeiten zum Vorteil der Versicherten nutzen und sich über die Qualität ihrer Versorgungsangebote am Markt profilieren. Wettbewerb bedeutet, dass die Krankenkassen ihre Angebots- und Tarifgestaltung stärker an den unterschiedlichen Bedürfnissen ihrer Versicherten orientieren und dass die Krankenkassen ihre Vertragsspielräume nutzen, um die wirtschaftliche Versorgung zu gewährleisten, die auch in Zukunft bezahlbar bleibt.

Kritiker der Gesundheitsreform meinen, dass der Leistungsumfang der gesetzlichen Krankenversicherung nicht mehr finanzierbar ist und mahnen eine gesellschaftliche Diskussion über den Umfang einer solidarisch finanzierten Grundversorgung an. Sie verweisen auf den medizinischen

Fortschritt. Dieser schafft eine Nachfrage nach Gesundheitsleistungen, die es vor einigen Jahren oder Jahrzehnten noch nicht gegeben hat. Vertreter des Nationalen Ethikrates haben daher eine Debatte über eine Rationierung in der Medizin gefordert. Als Rationierung bezeichnet man die Einschränkung des Zugangs zu medizinisch nützlichen Maßnahmen, die einen positiven Effekt auf die Lebensqualität beziehungsweise Lebenserwartung von Patienten haben. Ein Vorschlag zur Leistungsrationierung lautete: Kein neues Hüftgelenk mit 85 Jahren! Wenn das Gesamt-Budget für die Gesundheitsversorgung nicht gesteigert werden kann, ist eine Rationierung unvermeidbar. Was dabei »nützlich« oder »medizinisch notwendig« sei, könne nicht nach medizinisch-wissenschaftlichen Kriterien allein entschieden werden, sondern nur politisch mit Bezug auf bestimmte Wertvorstellungen. Das Dilemma der modernen Medizin seien nicht ihre Mängel, sondern ihre Möglichkeiten. Die Medizin kann immer mehr leisten. Die Ausweitung des Angebots verstärkt die Nachfrage. Die Medizin befindet sich, was die Kostenübernahme anbelangt, in einer Fortschrittsfalle. Wenn begrenzte Ressourcen verteilt werden müssen, stellt sich die Frage, woran sich die Mittelverteilung orientieren kann. Mit dem Szenario der Zwei-Klassen-Medizin stellt sich die Frage, ob nur der vom medizinischen Fortschritt profitieren soll, der ihn selbst bezahlen kann.

Professor Walter Krämer vom Institut für Wirtschafts- und Sozialstatistik der Universität Dortmund stellt das Problem so dar: »Der moderne Medizinbetrieb leidet nicht an Mangel, sondern am Übermaß seiner Möglichkeiten. Als Konsequenz dieser Explosion des Machbaren wird eine Rationierung von Gesundheitsgütern unausweichlich. Rationierung von Gesundheitsgütern ist schon eine Tatsache.« Und Krämer sagt weiter: »Unser Gesundheitswesen war früher preiswerter, nicht weil die Menschen gesünder, die Ärzte bescheidener oder die Preise niedriger waren, sondern weil es all die teuren Wunderdinge, die heute die Budgets belasten, damals noch nicht gab.« Zu den jüngsten Fortschritten des medizinisch Machbaren zählen Zusatztechnologien wie etwa Organverpflanzungen oder Operationen am offenen Herzen. Diese Erfolge erzeugen letztlich eine Kluft zwischen dem, was medizinisch möglich ist, und dem, was sich der »Normalbürger« leisten kann. Die Budgetierung und Begrenzung medizinischer Leistungen erzeugen zunehmend Konflikte zwischen den ethischen Grundsätzen ärztlichen Handelns, der notwendigen Weiterentwicklung von Wissenschaft und Technologie und den ökonomischen Forderungen von Krankenhausträgern.

Kommentar

Hauptsache gesund! Und dann? Gesundheit ist am wichtigsten – oder, aus der Sicht des Christen, doch mindestens nach dem Heil der Seele direkt an zweiter Stelle auf dem Fuße folgend. Und in zunehmend säkularen Gesellschaften nimmt die Gesundheit unbestritten den obersten Platz aller Sehnsüchte ein: Hauptsache gesund und lang überleben – die Frage »Wozu?« wird zumeist schamhaft ausgespart oder ins Private abgeschoben. Fatal dabei ist allerdings, dass es fast unmöglich ist, anders als bei der Krankheit, Gesundheit zu definieren – wer ist denn schon wirklich gesund? Diese Definitionsschwäche wirkt sich dann folgenreich aus, wenn ein System errichtet werden soll, das die Gesundheit versichert und garantiert. Denn wenn unklar ist, was Gesundheit eigentlich ist, bleibt nur der Ausweg, alles zu garantieren, was medizinisch machbar ist. Das mochte in der Frühzeit der Medizin im 19. Jahrhundert ein gangbarer Weg gewesen sein, heute und zu Zeiten einer hoch technisierten Medizin wird daraus mehr und mehr ein trügerischer Holzweg. Denn in einer Zeit ungeahnter medizinischer Spitzentechnik wird endgültig (und nur leicht scherzhaft gesprochen) jeder noch so gesunde Mensch nach einer Reihe von ausführlichen Arztbesuchen irgendeine Krankheit an sich entdecken können oder doch zumindest eine Reihe von vorbeugenden Maßnahmen zum Zweck der Gesunderhaltung einleiten wollen. Nach dem Motto: Wer noch nicht krank ist, sorge dafür, dass es so bleibt – und das im System einer von der Krankenversicherung zur Gesundheitsgarantie mutierten Solidarversicherung. Diese Entwicklung aber, in eins gesehen mit der bekannten demographischen Entwicklung hin zu einer immer älter werdenden Bevölkerung, lässt unsere gewohnte solidarische Krankenversicherung mehr und mehr zum Problem werden.

Das »Kompendium der Soziallehre der Kirche« unterstreicht kurz und knapp das Recht der Arbeitnehmer auf eine angemessene Versicherung im Alter und weist damit auf den Ursprung unserer solidarischen Krankenversicherung hin: Seit der Zeit Bismarcks nämlich sind die Arbeiter (und viel später auch die Angestellten) krankenversichert, weil es in ihrem und der Arbeitgeber Interesse lag, möglichst lange gesund und arbeitsfähig zu bleiben. Eigentlich war die Krankenversicherung am Anfang eine Maßnahme zur Erhaltung der Arbeitskraft. Den Beitrag zur Versicherung teilen sich daher folgerichtig auch die beiden an der Arbeitskraft Interessierten: Arbeitnehmer und Arbeitgeber.

Seit Bismarcks Zeiten und dem damaligen Stand der Medizin hat sich aber ungeheuer viel verändert in Leistung und Kosten, nur eben nicht in der Organisation der Versicherung. Ganz im Gegenteil: Nach dem Ersten Weltkrieg wurde diese Versicherung ausgeweitet auf Angestellte. Beamte waren und sind beihilfefähig. Und nach dem Zweiten Weltkrieg und parallel zum einsetzenden Wirtschaftswunder setzte mit der rasanten Entwicklung der Medizintechnik die endgültige Entwicklung hin zur Gesundheitsversicherung ein. Zunehmend gingen damit einher das scheinbare Versprechen und der unbewusste Anspruch, mit Hilfe dieser Versicherung Zugang zur bestmöglichen Medizin und zur bestmöglichen Gesundheit zu haben. Der Staat definierte Gesundheit kurzer Hand als öffentliches Gut, für das er mittels der Ärzte und Versicherungsträger Sorge zu tragen hat.

Dieser Anspruch ist in unseren Tagen mehr oder minder gescheitert. Zu individuell sind die Veranlagungen und riskanten Verhaltensweisen von Menschen, zu hoch sind die Kosten einer hoch technisierten Intensivmedizin, zu gering ist (durch die demographische Entwicklung) die Zahl der Beitragszahler (was auch durch eine bloße Ausweitung der Beitragspflichtigen im Fall der Bürgerversicherung nicht nachhaltig besser würde), zu hoch wird die Zahl der (mit Recht und zum Glück) älteren Menschen mit Anspruch auf kostenintensive Medizin, zu wenig durchschaubar sind die wirklichen Kosten einer Medizin, die längst nicht mehr durch die Beiträge gedeckt sind.

Daher führt auch in der Krankenversicherung kein Weg an einer Rationierung und einer Reform vorbei. Es wird in Zukunft eine Grundsicherung geben müssen nach dem Modell der Gesundheitsprämie, deren Leistungskatalog freilich nicht von den Ärzten oder den Krankenkassen, sondern von der Politik im demokratischen Verfahren festgelegt werden sollte. Und daneben wird es vielfältige Formen der privaten Vorsorge geben müssen, wie es etwa im Bereich der Zahnerhaltung schon der Fall ist und in anderen europäischen Ländern, wie etwa der Schweiz, schon seit längerem praktiziert wird. Damit aber kommt es im Feld der Gesundheitsversorgung in Zukunft zu größeren Ungleichheiten als bisher gewohnt. Die Politik braucht daher den Mut, dies deutlich zu sagen: Solidarisch bezahlbar ist eine Medizin auf höchstem Niveau nur bei ständig steigenden Beitragszahlungen. Will man das nicht, muss rationiert werden, nicht auf der Ebene der Personen, sondern auf der Ebene des Systems. Ständig wachsende Steuerzuschüsse mit dem Ziel, ständig anwachsende Beiträge zur Krankenversicherung publikumswirksam zu verschleiern, sind jedenfalls kein Weg in die Zukunft.

Ob es da nicht besser wäre, auch in säkularen Zeiten Gesundheit etwas mehr einzuordnen in andere große Ziele der Gesellschaft und dafür mehr öffentliche Gelder einzusetzen? Bildung etwa, oder Familie? Solidarisch freilich muss auch eine Grundsicherung der Gesundheit sein – das aber heißt:

solidarisch vor allem mit den Ärmeren und Leistungsschwächeren, nicht aber solidarisch mit maximalisierten Ansprüchen.

17. Rente und Generationengerechtigkeit

Jeder zweite Bundesbürger gibt an, Angst vor Altersarmut zu haben, in der Altersgruppe der 30- bis 39-Jährigen liegt dieser Wert bei fast 70 Prozent. Müssen sich die Jungen als Verlierer fühlen? Besonders die Ausgestaltung der Alterssicherung ist eng mit der Generationengerechtigkeit verknüpft. Die anhaltenden Finanzierungsprobleme der Rentenversicherung und die absehbaren Folgen des demographischen Wandels haben in der politischen Diskussion die Frage nach dem Verhältnis zwischen den Generationen aktuell werden lassen. Mehr und mehr wird in den Debatten die These vertreten, dass die junge Generation in der Alterssicherung einseitig belastet und dadurch das Prinzip der Generationengerechtigkeit verletzt wird. Die jüngsten Reformen sehen als Lösungsansätze die Anhebung der Altersgrenzen in der gesetzlichen Rentenversicherung, die Absenkung des Rentenniveaus und einen weiteren Ausbau der privaten, kapitalgedeckten Vorsorge vor.

Sicher ist: In Zukunft gibt es kräftige Reduzierungen der Rentenzahlungen. Das künftige Rentenniveau für eine Standarderwerbsbiografie (in Deutschland 45 Jahre Beitragsjahre) wird von 48,7 auf 39,9 Prozent des Brutto-Einkommens im Jahr 2030 gesenkt. Der Nachhaltigkeitsfaktor, mit dem die Rentenentwicklung an die Beitragshöhe gekoppelt ist, und der Übergang zur nachgelagerten Besteuerung der Renten werden das Niveau der gesetzlichen Rente noch weiter senken. Hinzu treten Mehrbelastungen durch erhöhte Beiträge zur Kranken- und Pflegeversicherung. Die Deutsche

Rentenversicherung erklärte im Sommer 2007 zu den Faktoren des geringeren Rentenzahlbetrags etwas umständlich: »Erhöhen sich diese Beiträge zur Kranken- und Pflegeversicherung, ergibt sich infolgedessen keine Rentenminderung, sondern eine Minderung des Auszahlbetrages.«

Eine neue Altersarmut könnte in Deutschland zu einer Gefahr werden. Das geht aus einer 2007 vorgestellten Studie der Organisation für Entwicklung und wirtschaftliche Zusammenarbeit (OECD) hervor. Mit den Leistungseinschnitten habe Deutschland seine staatliche Altersvorsorge zukunftssicher gemacht, heißt es. Doch das Rentenniveau in Deutschland wird deutlich unter dem Durchschnitt anderer Industrieländer liegen. Aufgefangen werden die Kürzungen in der gesetzlichen Rentenversicherung durch die staatlich geförderte private Vorsorge, zum Beispiel die Riester-Rente. So kann ein Arbeitnehmer, der über seine gesamte Erwerbsbiografie private Vorsorge im Rahmen der Riester-Förderung betreibt, auf eine Rente hoffen, die 56 Prozent seines Bruttoverdienstes entspricht. Damit liegt sie knapp unter der Durchschnittsrente innerhalb der OECD. Besonders bei Geringverdienern liegen die Renten weit unter dem Niveau der anderen Industriestaaten. Während die Bezieher niedriger Einkommen im Durchschnitt der Industriestaaten 73 Prozent ihres Bruttoeinkommens erhalten, liegt Deutschland in einigen Jahrzehnten mit knapp 40 Prozent auf dem letzten Platz. Die OECD-Studie empfiehlt daher, der Rentenentwicklung der Geringverdiener besondere Aufmerksamkeit zu schenken und einem Anstieg der Altersarmut vorzubeugen. Auch wenn sich inzwischen die betriebliche Altersvorsorge großer Beliebtheit erfreut – rund 17,5 Millionen oder 66 Prozent der Beschäftigten haben einen Anspruch auf eine Betriebsrente – wird davor gewarnt, dass der Umfang der zusätzlichen privaten oder betrieblichen Vorsorge nicht ausreicht.

Die Sicherheit im Alter wird in der heutigen Senioren-Generation hoch geschätzt. Die Älteren (65 Jahre und darüber) weisen heute im Vergleich zur übrigen Bevölkerung eine relativ günstige Einkommenssituation auf. Das Risiko der Einkommensarmut unter den Älteren ist seit den 1990er Jahren entgegen dem allgemeinen Trend zurückgegangen und ist deutlich geringer als bei der Gesamtbevölkerung. Auch liegt der Anteil der Älteren, die Sozialhilfe beziehen, ebenfalls weit unter dem Durchschnitt der Gesamtbevölkerung.

In vielen Debatten wird daher die gute Vermögenssituation der älteren Bevölkerung heute mit einer prognostizierten schlechteren finanziellen Ausstattung der jungen Generation in der Zukunft in Beziehung gesetzt. Sind die Jungen die Verlierer? Das Münchner Ifo-Institut hat ausgerechnet, dass ein heute geborenes Kind der Rentenversicherung im Lauf seines Lebens fast 78000 Euro mehr an Beiträgen bringt, als es später an Leistungen erhält. Legt man den Generationenvertrag, der den Baustein für die seit 1957 bestehende gesetzliche Rentenversicherung bildet, zugrunde, zahlen die Jungen mit ihren Beiträgen die Renten der Alten. Dieses Umlageverfahren funktionierte viele Jahrzehnte. Heute unterstützt der Staat die Rente. Der Bundeszuschuss betrug in 2007 rund 78 Milliarden Euro. Das ist der größte Einzelposten im gesamten Haushalt. Die Diskussion um die Alterssicherung dreht sich daher vornehmlich um die Fragen: Lebt die ältere Generation auf Kosten der nachrückenden jüngeren Generation? Was ist unter dem Leitbild der Generationengerechtigkeit zu verstehen? Lassen sich die Probleme des demographischen Wandels durch einen Übergang zu einer kapitalgedeckten Altersvorsorge oder durch die Anhebung der Altersgrenze in der Rentenversicherung bewältigen?

Dass der Staat für die private und betriebliche Altersvorsorge seiner Bürger in den Fördertopf greift, betrachten einige gesellschaftliche Gruppen skeptisch. So plädieren der Sozialverband Deutschland und der Deutsche Gewerkschaftsbund dafür, die gesetzliche Rentenversicherung als die tragende Säule der Altersvorsorge auszubauen und eine Erwerbstätigenversicherung einzuführen. Den Abbau der Leistungen der gesetzlichen Rentenversicherung empfinden diese Verbände als unsolidarisch. Sie befürchten die Ausweitung sozialer Unterschiede im Alter, weil sich nicht alle Personen an der zusätzlichen Vorsorge beteiligen können. Damit die gesetzliche Rentenversicherung auch künftig einen wesentlichen Beitrag zur Sicherung des Lebensstandards im Alter leistet und Sicherungslücken vermieden werden, müssen nach Ansicht des Sozialverbands und des Gewerkschaftsbunds langfristig alle Erwerbstätigen einbezogen werden. Die Versicherungspflicht sollte zunächst auf diejenigen Erwerbstätigen ausgedehnt werden, die derzeit noch keinem Alterssicherungssystem angehören und ein besonderes Schutzbedürfnis aufweisen: Dies betrifft insbesondere schätzungsweise drei Millionen Selbstständige sowie die rund 6,5 Millionen geringfügig Beschäftigten.

In regelmäßigen Abständen wird die Idee der Grundrente ins Spiel gebracht, die Armut im Alter verhindern helfen soll. Die Grundrente dürfte kaum höher sein als die Sozialhilfe und würde durch allgemeine Steuern oder Beiträge aller Bürger finanziert. Wer mehr Einkommen im Alter erzielen will, muss heute privat versorgen. Demgegenüber steht der Gedanke der Leistungsrente, wie sie die gesetzliche Rentenversicherung vorsieht: Wer lange eingezahlt und viel geleistet hat im Arbeitsleben, soll dementsprechend eine höhere Rente erhalten. Viele sehen im Übergang zur Grundrente ein Problem: Die Jungen von heute müssten heute doppelt zahlen, einerseits für die Ansprüche der Eltern, andererseits für die notwendige private Vorsorge.

Wie wird der Begriff der Generationengerechtigkeit nun definiert? Der Sozialethiker Jörg Tremmel hat ihn in knappen Sätzen so erklärt: »Generationengerechtigkeit ist erreicht, wenn die Chancen der Angehörigen der nächsten Generation, sich ihre Bedürfnisse erfüllen zu können, mindestens so groß sind wie die der Angehörigen der heutigen Generation. Die Angehörigen einer Generation handeln gerecht, wenn sie den Angehörigen der nächsten Generation mindestens ebenso große Chancen zur Erfüllung der eigenen Bedürfnisse lassen, wie sie im Durchschnitt selbst besitzen.« Gegenwärtig gibt es Überlegungen, den Schutz künftiger Generationen als Staatsziel im Grundgesetz zu verankern. Der Vorschlag zur Ausgestaltung eines neuen Artikels 20 b des Grundgesetzes lautet: »Der Staat hat in seinem Handeln das Prinzip der Nachhaltigkeit zu beachten und die Interessen künftiger Generationen zu schützen.« Darüber hinaus wird eine Änderung des Artikels 109 des Grundgesetzes dahingehend erwogen, dass es Bund und Ländern erschwert werden soll, Kredite aufzunehmen.

Dieser Vorschlag kommt von einem Zusammenschluss vornehmlich jüngerer Abgeordneter aus den Fraktionen von CDU/CSU, der SPD, der FDP sowie der Grünen. Das Ziel der Grundgesetzänderung besteht darin, die Bedürfnisse der heutigen Generationen mit den Lebenschancen künftiger Generationen zu verknüpfen. Damit wird die Absicht verfolgt, Gestaltungsspielräume heutiger und künftiger Generationen in ein ausgeglichenes Verhältnis zu bringen und den Staat aufzufordern, durch sein Handeln verstärkt auch die Interessen künftiger Generationen zu schützen. Mit der Aufnahme der Staatsziele Generationengerechtigkeit und Nachhaltigkeit würde nach Ansicht der fraktionsübergreifenden Initiative allen Staatsgewalten, primär jedoch dem Gesetzgeber die Aufgabe gegeben, generationengerechte Politik zu verwirklichen. Die jungen Politiker haben im Bundestag einen Gesetzentwurf eingebracht, der so begründet worden ist: »Bei Verteilungskonflikten zwischen den die Gegenwart bestimmenden Partikularinteressen haben die nicht repräsentierten künftigen Generationen und die schwach repräsentierte junge Generation das Nachsehen. Es ist gerade im Interesse der künftigen Generationen, dass eine Politik eine langfristige Ausrichtung erhält. Dabei erkennen die Antragsteller an, dass sie die gleiche Verantwortung gegenüber ihren Kindern und Enkeln tragen wie gegenüber vorausgegangenen Generationen. Nachhaltigkeit und Generationengerechtigkeit sind zentrale Herausforderungen für Jung und Alt.«

Kommentar

Das Stichwort der Rente sucht man im »Kompendium der Soziallehre der Kirche« vergebens. Das mag zunächst vielleicht verwundern oder gar befremden. Allerdings findet sich das Thema der Alterssicherung, dazu heißt es ziemlich lapidar: »Die Rechte der Arbeitnehmer basieren, wie alle übrigen Rechte, auf Ruhestandsgeld und Versicherung in Alter, Krankheit und nach Arbeitsunfällen.« (Nr. 301) Das Kompendium schweigt sich aus über die Art und Weise der Altersversicherung. In der Tat finden sich nämlich schon allein in Europa in verschiedenen Ländern mit verschiedener sozialstaatlicher Tradition sehr verschiedene Formen eines Systems solidarischer Versicherungen. In Deutschland gibt es seit dem Ende des 19. Jahrhunderts eine solidarische Alterssicherung, von der freilich Beamte und Selbstständige ausgenommen sind. Die Rente wird zu gleichen Teilen durch Einzahlung des Arbeitnehmers und des Arbeitgebers in die Rentenversicherung finanziert. Die arbeitende Generation zahlt demnach für die in Rente gehende Generation; stillschweigend vorausgesetzt wird damit ein genügendes Nachwachsen von Kindern und später von lohnabhängig Beschäftigten. Seit 1957 ist die Rente zudem »dynamisiert«, also der Lohnentwicklung angeglichen. Längst ist freilich dieses Rentensystem nicht nur in die Jahre, sondern durch ein ansteigendes Alter der Bevölkerung und damit einen immer höheren Anteil der Rentenempfänger und zugleich durch den demographischen Wandel mit einem abnehmenden Anteil der in die Rentenkassen Einzahlenden in eine bedrohliche Schieflage geraten. So bildet heute der Sozialetat den größten Anteil am Bundeshaushalt (was noch zu verstehen wäre) und hier wiederum der Bundeszuschuss zur Rentenkasse den größten Anteil (was eindeutig auf einen Fehler im System hindeutet). Längst reichen die eingezahlten Beiträge in die Rentenversicherung nicht mehr aus, um alle Renten zu sichern. Wer auch immer es gesagt oder nicht gesagt haben soll, es stimmt leider nicht: Kinder bekommen die Leute immer? Eben nicht mehr! Daher muss der Staat aus Steuergeldern die Rentenkasse auffüllen. Die Renten sind also nur noch sicher, wenn systemfremde Steuergelder mit einbezogen werden. Daher sind Überlegungen zur Einbeziehung aller Bürger in die Rentenversicherung oder zur Anhebung des Rentenalters oder zur ergänzenden privaten Altersvorsorge logisch und sinnvoll. Denn wenn der Bundeszuschuss zur Rente ständig wächst und wesentlich über eine ständig wachsende Neuverschuldung des Staates finanziert wird, so verstößt dies eklatant gegen den Grundsatz der Generationengerechtigkeit.

Nötig ist also unbedingt ein Umbau der Finanzierung des Systems der Rentenversicherungen. Die Rente wird in Zukunft nicht mehr den gewohnten (und behaglichen) Lebensstandard, sondern nur noch eine Grundsicherung garantieren. Das ist ganz ohne Zweifel ein tiefer Einschnitt und eine Abkehr vom bisher gewohnten System einer dynamischen, den Lohnsteigerungen folgenden Alterssicherung, die zuverlässig vor der ständig beschworenen Altersarmut schützte. Angesichts einer zunehmend älter werdenden bundesdeutschen Bevölkerung geht an dieser Reform der Rentenversicherung dauerhaft kein Weg vorbei. Und dies zumal, wenn die bundesdeutschen Lohnzusatzkosten, wozu ja auch die Rentenbeiträge gehören, im internationalen Vergleich und im globalen Wettbewerb der günstigen Produktionsstandorte bei weitem zu hoch sind und damit zur Verlagerung von Arbeitsplätzen ins Ausland und zum Anstieg der Arbeitslosigkeit beitragen.

An einer zukünftigen Zweiteilung zwischen solidarischer Grundsicherung des Alters und privater Zusatzvorsorge führt also kein Weg vorbei. Es wäre in jedem Fall höchst unsolidarisch gegenüber den kommenden Generationen, durch eine ständig wachsende Staatsverschuldung das Rentenniveau jetzt hoch zu halten, aber der Generation nach uns einen drückenden Schuldenberg zu hinterlassen.

18. Subventionen in der Marktwirtschaft

Der Tabakanbau wird mit Steuergeld gefördert, um die Bauern zu stützen. Anti-Tabak-Kampagnen werden gefördert, um die Raucher zu retten. Solarenergie und Windkraft werden gefördert, um das Klima zu schützen. Aber subventioniert wird auch die Verstromung von Steinkohle, um dem Bergbau zu helfen. Dabei wird jenes Kohlendioxid frei, das Sonnen- und Windenergie einsparen sollen. Diese und ähnliche Vergleiche ziehen Kritiker von Subventionen und Steuervergünstigungen, die in diesen Hilfen einen Hemmschuh der marktwirtschaftlichen Entwicklung sehen. Über Sinn und Zweck von Subventionen streiten sich Politiker und Ökonomen gleichermaßen. Für die einen stellen sie eine immense Belastung der öffentlichen Haushalte dar, für die anderen sind sie gerechtfertigte Finanzhilfen, um gleichwertige Lebensverhältnisse herzustellen, regionale Standortnachteile auszugleichen und den Strukturwandel, zum Beispiel von veralteten zu modernen Produktionsweisen, zu erleichtern.

Gerade den Interessengruppen und Lobbyisten wird vorgeworfen, dass sie es immer wieder verstehen, Ausnahme-Regelungen und Vergünstigungen für ihre Verbände durchzusetzen und diese in den Deckmantel des Gemeinwohls zu kleiden. Zu den heftigsten Kritikern der Subventionspolitik zählt der Bund der Steuerzahler, der den »Dauertropf des Staates« am liebsten so rasch wie möglich abstellen möchte. Der Verband meint: »Subventionen machen süchtig, denn sie bergen gefährliche Beharrungs- und Ausweitungstendenzen in sich. Ferner stellen sie ein Hemmnis für Wachstum und Beschäftigung dar, da sie die Wettbewerbsbedingungen verzerren und die Wachstumsmöglichkeiten für nicht subventionierte Unternehmen verschlechtern, indem nicht wettbewerbsfähige Krisenbranchen künstlich am Leben gehalten werden.« Das Kieler Institut für Weltwirtschaft errechnete in einer Beispielrechnung, dass bei einer Streichung aller Subventionen die Einkommenssteuersätze um fast zwei Drittel verringert werden könnten.

Erklärtes Ziel der Bundesregierung ist es, die Finanzhilfen und Steuervergünstigungen langsam zu senken. Dadurch sollen Freiräume für eine nachhaltige Finanzpolitik geschaffen werden. So gingen die Subventionen des Bundes zwischen 2005 und 2008 um zwei Milliarden auf 21,5 Milliarden Euro zurück. Der 21. Subventionsbericht des Bundesfinanzministeriums, den die Bundesregierung alle zwei Jahre erstellen muss, erwähnte insbesondere das Auslaufen der Eigenheimzulage und das Streichen von Steuervorteilen beim Bio-Diesel und beim Sparerfreibetrag. Größter Empfänger bei den Finanzhilfen bleibt der Steinkohlenbergbau mit zwei Milliarden Euro im Jahr 2008. Die Bundesregierung hat sich bei ihrer Subventionspolitik Leitlinien gesetzt, die der Erhöhung der Transparenz, des Rechtfertigungsdrucks und der Steuerungsmöglichkeiten im Subventionswesen dienen. Sie setzt sich dafür ein, Subventionen grundsätzlich stufenweise abnehmend zu gestalten und zeitlich zu befristen. Neue Subventionen sollen vorrangig als Finanzhilfen gewährt werden und sind durch Einsparungen an anderer Stelle zu finanzieren.

Beschlossene Sache ist der Ausstieg aus der Steinkohle, um den jahrelang gerungen wurde. Deutschlands Ausstieg aus dem Steinkohle-Bergbau kostet die Steuerzahler noch bis 2018 rund 21,6 Milliarden Euro. Allein der Bund unterstützt die Absatzförderung und die Stilllegung mit insgesamt 15,6 Milliarden Euro. Hinzu kommen knapp vier Milliarden Euro vom Land Nordrhein-Westfalen. Außerdem sind zwei Milliarden Euro für Anpassungsgelder vorgesehen, die ältere Bergleute für bis zu fünf Jahre erhalten können, falls sie arbeitslos werden. Seit vielen Jahren führen Unterstützer des Bergbaus und Kritiker der Subventionen hitzige Debatten über den Sinn der Finanzförderung, die seit den 1960er Jahren besteht, und darüber, dass jeder Arbeitsplatz in dieser Branche heute mit jährlich rund 63000 Euro subventioniert wird. Der 1974 zur Finanzierung des Steinkohle-Abbaus eingeführte Kohlepfennig, den die Verbraucher als Preisaufschlag auf die Strompreise zu entrichten hatten, wurde 1994 für verfassungswidrig erklärt. Bergleute und Gewerkschaften rechtfertigen die Finanzhilfen vor allem mit der Unabhängigkeit der Energieversorgung und der Energiesicherheit. Zudem steigen die Preise für Kohle. Für Koks-Kohle als veredelte Steinkohle sind sie wieder so hoch, dass neue Betriebe in Deutschland ohne Subventionen auskommen würden. Befürworter der Bergbau-Subventionen weisen darauf hin, dass die Bergwerke über Verträge und Aufträge auch Firmen aus der Umgebung finanzieren und in strukturschwachen Regionen große Ausbilder und Arbeitgeber sind. Gegner erwidern, dass die Subventionen selbst das Entstehen neuer Wirtschaftszweige hemmen, da sie den natürlichen ökonomischen Prozess aufhalten.

Ebenfalls in Kritik geraten immer wieder die Agrar-Subventionen der Europäischen Union, die mit jährlich etwa 50 Milliarden Euro knapp die Hälfte des gesamten EU-Haushalts ausmachen. Die EU erstattet Landwirten, die Agrar-Produkte in Länder außerhalb der EU exportieren, die Differenz zwischen dem niedrigen Weltmarktpreis und dem in der EU geltenden höheren politisch festgesetzten Preis. Vor einiger Zeit sorgte folgende Aussage eines indischen Agrar-Experten für Schlagzeilen: »Vor einigen Jahren kam ein Schiff mit dänischem Milchpulver an. Obwohl Milch in Indien sehr billig ist, war das dänische Milchpulver trotzdem mit 1400 US-Dollar pro Tonne noch preiswerter – dank der europäischen Exportsubvention von 1000 Dollar pro Tonne. Das billige Milchpulver wurde in der Provinz Punjab vermarktet. Dort fielen schlagartig die Preise. Sie zwangen viele Bauern, die Milchwirtschaft aufzugeben. Unter einer einzigen Import-Lieferung hatten Tausende von Bauern zu leiden.« Mittlerweile steigen weltweit aufgrund gestiegener Nachfrage die Erzeugerpreise, sodass über marktgerechte Preise und Subventionen neu nachgedacht wird. Ob die subventionierten Agrar-Exporte den Zusammenbruch der lokalen Märkte in der so genannten Dritten Welt verursachen und wie die Nachfrage nach bezahlbaren Lebensmitteln weltweit gedeckt werden kann, sind noch unbeantwortete Fragen.

Die meisten Ökonomen sind sich einig, dass die überwiegende Mehrzahl der staatlichen Hilfen Wirtschaft und Gesellschaft mehr schadet als nutzt. Die Hilfen verzerren das Preisgefüge und den Wettbewerb, locken Kapital und Beschäftigte in unrentable Branchen und Unternehmen, fördern Konzerne und Bürger, die es nicht nötig haben. Weit verbreitet ist die These, dass es einer Minderheit durch erlangte Subventionen gelingt, sich auf Kosten der Mehrheit zu bereichern. Aber es gilt ebenso das geflügelte Wort: Oft ist der geschröpfte Steuerzahler und der glückliche Subventionsempfänger ein und dieselbe Person. Dies zeigt sich besonders in der Diskussion um die Abschaffung der Entfernungspauschale.

Die ausgelaufene Eigenheimzulage sorgte einige Zeit für den Umstand, dass der Staat trotz eines weithin gesättigten Wohnungsmarkts den Bau oder Kauf von Eigenheimen bezuschusste. Gleichzeitig lief in Ostdeutschland mit Staatshilfe ein Abrissprogramm für überflüssige Wohnungen. Diskutiert werden immer wieder auch Subventionen als Steuerungsinstrumente des Arbeitsmarkts. Ein Argument für die lange Zeit praktizierten Vorruhestandsregelungen lautete: Wenn ältere Arbeitnehmer durch Subventionen dazu bewegt werden, ihren Arbeitsplatz zugunsten jüngerer Arbeitsloser zu räumen, kann das bei unterschiedlichen Marktaustrittskosten zu einer Minderung der sozialen Lasten der Arbeitslosigkeit führen. Als Ziel wurde genannt, die vorhandene Arbeit gerechter zu verteilen. Unter marktwirtschaftlichen Gesichtspunkten wird der Nutzen dieser Subventionen oft in Abrede gestellt. Danach besteht keine Veranlassung, dass die Gemeinschaft der Versicherten den früheren Rentenbeginn einiger Versicherungsnehmer subventioniert. Der Abbau dieser Subvention würde die Beiträge zur Rentenversicherung erheblich mindern, sodass durch ein Sinken der Lohnnebenkosten weitere rentable Arbeitsplätze in Deutschland erhalten oder neu geschaffen werden können.

Wie sehr Subventionen auf Unternehmens-Entscheidungen Einfluss nehmen, zeigen Beispiele von Firmen-Verlagerungen. Für Aufregung etwa sorgte der Autozulieferer Takata mit der Ankündigung, sein Werk im fränkischen Fürth zu schließen und die mehr als hundert Arbeitsplätze in das sächsische Freiberg zu verlegen. Zur Begründung verwies das Unternehmen auf die besseren Fördermöglichkeiten, die es im Osten Deutschlands gibt. Die Firma Takata sprach davon, 13 Millionen Euro in Freiberg zu investieren, weil 30 Prozent der Summe die öffentliche Hand trägt. Geltendes Bundes- und EU-Recht lässt derart hohe Investitionszuschüsse nur in Ostdeutschland zu. Kommunalpolitiker aus Fürth sprachen von einer »irren Subventionspolitik«.

Kommentar

Provisorien, so weiß der Volksmund nur allzu genau, halten meist ewig. Das gilt besonders für scheinbar unentbehrliche Staatsaufgaben, nicht zuletzt auch für Steuern und Subventionen. Immer wieder stehen einmal aus einem bestimmten Anlass eingeführte und nie wieder abgeschaffte Steuern im Mittelpunkt der Kritik. Ein schönes und oft mit Genuss genanntes Beispiel dafür ist die im wilhelminischen Deutschland Anfang des 20. Jahrhunderts auf Drängen von Admiral Tirpitz eingeführte Sektsteuer zur Finanzierung der kaiserlichen Flotte – sie besteht bis heute, und jeder zahlt sie beim Kauf von Sekt ohne Murren. Aber das Misstrauen ist groß und wächst, der Staat habe einen großen Magen und neige nicht nur dazu, immer neue Geldquellen und Steuerarten zu entdecken, sondern auch, immer neue Subventionen und Fördermittel auszuschütten, die am Ende doch im Sand und ohne sichtbaren Effekt versickern.

Ein schönes Beispiel für diese Problematik ist der Solidaritätszuschlag, der zur wirtschaftlichen und sozialen Förderung der wiedervereinigten Gebiete der ehemaligen DDR mit gutem Recht und mit Sinn eingeführt wurde. Aber wie lange soll er bestehen? Die Forderung nach allmählicher Rückführung und endgültiger Abschaffung dieser öffentlichen Subventionierung ganzer Landstriche klingt schlüssig und plausibel. Sollen denn bestimmte Regionen Deutschlands auf ewig öffentlich gefördert werden und sich so schleichend an wohlige Arten der Subventionierung gewöhnen? Wäre nicht der raue, aber gesunde Wind des Wettbewerbs geeigneter, um endlich blühende und konkurrenzfähige ökonomische Landschaften entstehen zu lassen? Zeigt nicht das abschreckende Beispiel eines seit Jahrzehnten öffentlich geförderten »Mezzogiorno«, also des italienischen Südens, dass sehr oft unsinnige Projekte ohne Erfolg gefördert werden? Und neigen nicht überhaupt eine aufgeblähte Bürokratie und ein überdehntes Subventionswesen tendenziell dazu, Geld nach dem Gießkannenprinzip zu verschwenden, statt gezielt sinnvolle Investitionen zu fördern? Schließlich aber auch, und etwas systematischer: Dient nicht das Prinzip der Subsidiarität in der katholischen Soziallehre gerade zur Begrenzung eines falschen Verständnisses von Solidarität, indem nämlich, um ein Bild des Neuen Testamentes zu verwenden, der im Straßengraben liegende Bedürftige auf Dauer daran gewöhnt wird, ohne eigene Mühe und Leistung ausreichend versorgt zu werden, und zwar auf Kosten und zu Lasten der Samariter, die sich anstrengen und Steuern zahlen? Spätestens jetzt wird deutlich: Schnell und hurtig schaut die böse Fratze des Sozialneids um die Ecke und man raunt uns zu: Wer sich nicht anstrengt, der soll es weniger gut haben als die Leistungsträger.

All diese Argumente stellen jedoch nur einen Ausschnitt der komplexen Wirklichkeit dar. Zusammengefasst könnte man sagen: Solidarität und Subsidiarität bilden die zwei Instrumente des übergeordneten Prinzips der Personalität. Anders gesagt: Die Person ist Individuum und Sozialwesen. Sie wird nur ernst genommen in ihrer Individual- und Sozialnatur, wenn ihr beides zukommt: Solidarität in ihrer Schwäche und Subsidiarität als Förderung ihrer Stärke. Denn Subsidiarität meint ja gerade, der Staat solle nur das tun, was Einzelne und private Initiativen nicht vermögen; das Prinzip will der schleichenden Entmündigung des Bürgers und der Aufblähung von Staatsaufgaben und einer dazu gehörenden Bürokratie wehren.

Chancengleichheit scheint das entscheidende Stichwort zu sein, also Gerechtigkeit im Hinblick auf unterschiedliche Personen und ihre Leistungsmöglichkeiten. Und: Wichtig sind die transparente Förderung und Anschubfinanzierung privater Investitionen. Letzteres versteht sich fast von selbst: Der Solidaritätszuschlag sollte Schritt um Schritt abgebaut werden und allenfalls für eng umrissene Gebiete gelten, die besonders unattraktiv für Investoren sind und deren Entvölkerung man verhindern will, ähnlich wie dies in der Schweiz mit Regionen extremer alpiner Bewirtschaftung geschieht. Zugleich muss überprüft werden, welche Projekte buchstäblich in den Sand gesetzt wurden (und warum), und welche Investitionen noch weiter der Förderung bedürfen.

Solidarität heißt nach einem geflügelten Wort des großen katholischen Sozialethikers Oswald von Nell-Breuning: Wir sitzen alle in einem Boot! Nur sollte solche Bereitschaft zur Solidarität nicht über Gebühr strapaziert werden. Und es sollte stets die Frage nach der Gerechtigkeit von Subventionen und der Effizienz der ausgeschütteten Gelder gestellt werden, wie dies etwa im Fall der Kohle-Subventionen schließlich spät, aber erfolgreich der Fall war: Allein aus Traditionsgründen Industriezweige künstlich am Leben zu halten, ist ökonomischer und auf Dauer auch politischer Unsinn; diese Steuergelder können in einem rohstoffarmen Land wie Deutschland sinnvoller investiert werden in Bildung und Forschung, in erneuerbare Energien beziehungsweise ökologisch sinnvolle Energieträger und in wettbewerbsfähige Technologie. Denn geförderte Arbeitsplätze, die in begrenztem Umfang in einer wirklich sozialen Marktwirtschaft stets nötig sein werden, sind auf Dauer teuer und deren Subventionierung ist ständig zu überprüfen.

Der Staat ist in jedem Fall rechenschaftspflichtig für die

von ihm eingezogenen und verwendeten Steuergelder, die nicht seine, sondern die Gelder der Bürger sind und der umsichtigen Verwaltung und Einsetzung bedürfen. Der Staat muss ein gerechter Sachwalter der Interessen aller Bürger sein.

19. Gerechte Verteilung der Ressourcen

Am 2. August 2007 haben russische Wissenschaftler eine russische Flagge auf dem Meeresgrund unter dem Nordpol gehisst – in mehr als 4000 Metern Tiefe. Die symbolische Aktion steht für Gebietsansprüche in der Arktis. Diese werden auch von Dänemark, Kanada, den USA und Norwegen erhoben. Geologen vermuten, dass unter dem Meeresboden ein Viertel der weltweiten Erdöl- und Gasvorkommen und andere Bodenschätze schlummern. Ihre Ausbeutung wird schwierig bleiben, aber durch den Klimawandel, der die eisfreie Jahreszeit erweitert, rückt sie in größere Nähe. Bis heute ist ungeklärt, ob einzelne Länder berechtigte Ansprüche auf die Bodenschätze der Arktis geltend machen können. Das diplomatische Gezerre macht aber die Verteilungskämpfe um Rohstoffe und den Wettlauf um Öl und Gas deutlich.

Die nachhaltige Versorgung mit Energie ist eine der großen Herausforderungen des 21. Jahrhunderts. Zehn Milliarden Menschen werden bis zum Ende unseres Jahrhunderts auf zehn Terawatt (zehn Billionen Watt) elektrische Energieleistung warten. Die begrenzte Verfügbarkeit der fossilen Brennstoffe und der Zugang zu erschwinglicher Energie erfordern eine Energiesicherheitspolitik der Industriestaaten und besonders Deutschlands, das vom Rohstoff-Import abhängig ist. Nach Berechnungen der Bundesanstalt für Geowissenschaften und Rohstoffe hat in den letzten Jahrzehnten der Verbrauch an Energierohstoffen deutlich zugenommen. Nach 2000 kam es dabei zu einem drastischen Anstieg der Preise für Erdöl und anderen Energierohstoffen wie Erdgas, Kohle und Uran. Die Gründe liegen in dem »Energiehunger« der Schwellenländer China und Indien und den Unsicherheiten bei der Bewertung von Reserven und in Börsen-Spekulationen, insbesondere auf dem Ölmarkt. Die Prognose für die Reichweite des Erdöls liegt bei 40 Jahren. Das Potenzial dieses Energieträgers kann bei einem moderaten Anstieg des Erdölverbrauchs in den kommenden Jahren die uneingeschränkte Versorgung mit Erdöl bis etwa 2020 gewährleisten. Danach ist infolge des zu erwartenden Rückgangs der Erdölförderung nach Überschreiten der weltweit maximal möglichen Förderung mit einer Deckungslücke bei Erdöl zu rechnen, die durch andere Energieträger ausgeglichen werden muss. Die Erschließung neuer Ölfelder wird technisch möglich sein, der höhere Aufwand dafür müsste über einen höheren Preis bezahlt werden.

Die nachgewiesenen Welt-Erdgasreserven werden bis über die Mitte dieses Jahrhunderts hinaus reichen. Die Bundesanstalt für Geowissenschaften und Rohstoffe schätzt, dass innerhalb dieses Zeitraums ein Teil der konventionellen Ressourcen erschlossen wird und auch die Technologien zur Gewinnung von Erdgas aus Kohleflözen und Speichergesteinen weiter verbessert werden, sodass auch ein steigender Bedarf bis über die Mitte des Jahrhunderts hinaus gedeckt werden kann. Der Erdgaspreis wird auch durch die im Vergleich zu Erdöl und Kohle deutlich höheren Transportkosten beeinflusst.

Die Reserven an Steinkohle und Braunkohle sind ausreichend, um den Bedarf für die kommenden hundert Jahre zu decken. Allerdings werden bei der Stromerzeugung aus Kohle erhebliche Mengen des Treibhausgases CO_2 freigesetzt, das für den Klimawandel verantwortlich ist. Künftig werden China und Indien den Steinkohlemarkt bestimmen. Sie gehören schon heute zu den wichtigsten Importnationen. Angesichts des »Energiehungers« könnte auch in der Atomindustrie der Grundstoff für die Energieerzeugung knapp werden. Die Uranvorräte reichen noch 50 Jahre. Der Preis für Uran, den die weltweit 440 Atomkraftwerke benötigen, steigt rasant.

Die weltweite Verknappung von Rohstoffen angesichts der steigenden Nachfrage beschäftigt zunehmend die deutsche Wirtschaft und Politik. Die Rohstoffpreise insgesamt stiegen von Anfang 2003 bis Ende 2006 um über 80 Prozent. In einigen Teilbereichen, etwa bei Eisenerzen und Stahlschrott, fiel der Anstieg noch wesentlich höher aus. Kupfer und Phosphat erreichen immer höhere Weltmarktpreise. Für Tantal, ein begehrtes und unter anderem in Nigeria und in der Demokratischen Republik Kongo gefördertes Metall, hat sich der Preis innerhalb kurzer Zeit verzehnfacht. Die internationalen Verteilungsgefechte um metallische Rohstoffe wie Kupfer, Zink, Nickel und Wolfram, die für bestimmte Industrien unverzichtbar sind, werden mit immer härteren Bandagen geführt. Ein geflügeltes Wort deutscher Politiker lautet: »Wo auch immer wir hinkommen auf der Welt – oft waren Politiker anderer Länder schon da, die sich die Rohstoffe auf Jahre hinaus gesichert haben.«

Zumeist befinden sich die großen Metallerz-Lagerstätten in Lateinamerika, Afrika und Asien sowie neuere Ölförderstätten in Afrika. Peru beispielsweise ist ein rohstoffreiches Entwicklungsland, das auch als »Bettler auf einem goldenen Thron« bezeichnet wird. Umgekehrt ist die Situation bei den rohstoffarmen westeuropäischen Industriestaaten wie Deutschland, das einmal als »ein reicher Mann auf einem bescheidenen Holzhocker« bezeichnet worden ist. Die Lage auf den Rohstoff-Weltmärkten nennt der Bundesverband der Deutschen Industrie (BDI) »Sprengsatz in der industriellen Wertschöpfungskette«. Der Verband beklagt, dass der Eisenerzhandel von drei großen Gesellschaften bestimmt wird, die immer größere Preiserhöhungen durchsetzen. Der Verband stellt sich die Fragen: Was kann in einer globalisierten Wirtschaft gegen Missbrauch von Marktmacht ins Feld geführt werden? Wie kann die Politik verhindern, dass es auf den internationalen Rohstoffmärkten zu Wettbewerbsverzerrungen kommt? Ins Feld geführt wird immer wieder die Wirtschaftskraft China, die Rohstoffe fordert: Kupfer aus Sambia, Mangan aus Gabun, Holz aus dem Kongo und von überall her Erdöl. Gerade die Geschäftspraktiken Chinas, aber auch anderer Industriestaaten, in den Entwicklungsländern Afrikas stoßen auf Kritik. Die Einnahmen aus dem Abbau der Bodenschätze kommen zumeist nicht den armen Menschen zugute, sondern »versickern« in korrupten Staatsführungen. Ein Wachstumsschub bleibt in vielen Entwicklungsländern aus. In einigen Fällen sorgen Rohstoffe und Bodenschätze für kriegerische Auseinandersetzungen im eigenen Land.

Zur Jagd nach Rohstoffen in Afrika sagte Bundespräsident Horst Köhler in einem Interview mit der Zeitschrift »Internationale Politik«: »Auch wir müssen mit vitaler Aufmerksamkeit unsere Energie- und Rohstoffversorgung sichern – aber nicht, wie sich das derzeit abzeichnet nach der Methode, wer kommt am schnellsten und am billigsten an afrikanische Ressourcen! Es wäre eine Tragödie für die Menschheit und als erstes natürlich für die Menschen in Afrika, wenn nach der Sklaverei, nach dem Kolonialismus, nach dem Kalten Krieg jetzt ein neuer Megatrend, nämlich die Nachfrage nach Rohstoffen und Öl, afrikanische Bemühungen um Demokratie, um gute Regierungsführung und Armutsbekämpfung unterlaufen würde.«

Die Bundesregierung setzt bei ihren rohstoffwirtschaftlichen Interessen auf Entwicklungszusammenarbeit, die gleichermaßen Import- und Exportländern nützt. Die rohstoffreichen Entwicklungsländer sollen ihre wirtschaftlichen Reformen voranbringen und die Lebensbedingungen ihrer Bürger verbessern. Die Herausforderungen aber bleiben, wie die Handels- und Wettbewerbsverzerrungen im internationalen Rohstoffhandel bekämpft werden können und wie gegen unfaire und unethische Praktiken beim Zugang zu Rohstofflagerstätten vorgegangen werden kann.

Neben der Verknappung von Rohstoffen verschärft sich die Krise der wichtigsten natürlichen Ressource Wasser. Nach Einschätzung der Vereinten Nationen steuert die Welt auf einen dramatischen Wassermangel zu. Während die weltweiten Vorräte immer weiter zurückgehen, steigt der Bedarf ungebremst an. Der Verbrauch hat sich in den vergangenen 50 Jahren verdoppelt. Mitte dieses Jahrhunderts könnten mehrere Milliarden Menschen in 60 Ländern von Wasserknappheit betroffen sein. Heute leben 1,4 Milliarden Menschen ohne einen gesicherten Zugang zu Trinkwasser, rund 2,6 Milliarden Menschen fehlen adäquate Einrichtungen zur Wasserentsorgung und -aufbereitung. Und das, obwohl global genügend Wasserressourcen existieren, um auch bei einer wachsenden Weltbevölkerung alle Menschen zu versorgen. Von Wasserknappheit besonders betroffen sind Menschen in Ostasien, im subsaharischen Afrika und im Nahen und Mittleren Osten. Die Kontrolle über Wasserressourcen führt zu Verteilungsstreitigkeiten und Konflikten, die sich zu internationalen Krisen entwickeln können.

Im Einzugsgebiet des Nils etwa leben 150 Millionen Menschen. Zehn Länder teilen sich sein Wasser. Zum nationalen Sicherheitsinteresse gehört es, so viele Wasserrechte wie möglich für den eigenen Staat zu sichern. Ein weiteres Beispiel für den Wasserkonflikt gibt der Nahe Osten, wo Jordanien und Israel um das Wasser des Jordan streiten. Das Euphrat-Tigris-Becken ist seit Jahren Gegenstand von Konflikten zwischen den Anrainerstaaten Türkei, Syrien und Irak. Die erhöhte Wassernachfrage führt auch innerhalb eines Landes zu Krisen zwischen Stadt- und Landbevölkerung. Sie wird zum kritischen Faktor der Ernährungssicherheit, wenn nutzbares Süßwasser für die Landwirtschaft eingesetzt werden muss.

Zur Lösung der globalen Wasserkrise werden in zunehmendem Maß Partnerschaften zwischen staatlichen Akteuren und Unternehmen diskutiert. Um die Wasserressourcen einzusparen, wird ein »virtueller Wasserhandel« ins Spiel gebracht. Dabei geht es um den weltweiten Austausch von Waren und den Handel mit dem darin »virtuell enthaltenen Wasser«. Das Konzept basiert auf der Vorstellung, dass wasserarme Länder ihren Bedarf an landwirtschaftlichen Produkten wie zum Beispiel Getreide verstärkt durch Importe aus wasserreichen Ländern decken, anstatt sie selbst aufwändig zu produzieren. Doch wie lassen sich solche Bündnisse auf internationaler Ebene etablieren?

Kommentar

Seit einigen Jahren wird in der christlichen Sozialethik zu den klassischen Grundprinzipien von Personalität, Solidarität, Subsidiarität und Gemeinwohl noch ein fünftes Prinzip hinzugezählt: Das Prinzip der Nachhaltigkeit, englisch: »sustainibility«. Gefordert ist damit ein verantworteter und aufmerksamer Umgang mit den Ressourcen unserer Welt, die allen Menschen und allen Generationen gehören. Hier ist daher zunächst an den alten Grundsatz der Sozialpflichtigkeit des Eigentums zu erinnern: Prinzipiell gehören die Welt und ihre Ressourcen jedem Menschen, das Privateigentum dient der besseren Nutzung und größeren Verantwortung im Umgang mit den Gütern (und der individuellen Entfaltung der Persönlichkeit), die Ressourcen müssen in gerechter Weise jedem Menschen zur Verfügung stehen.

Das »Kompendium der Soziallehre der Kirche« unterstreicht daher programmatisch: »Das Prinzip von der allgemeinen Bestimmung der Güter ruft dazu auf, die Wirtschaftsauffassung an moralischen Werten zu inspirieren, die es ermöglichen, weder den Ursprung noch das Ziel der Güter jemals aus den Augen zu verlieren, damit eine ausgewogene und solidarische Welt verwirklicht wird, in der die Bildung von Reichtum eine positive Rolle spielen kann.« (Nr. 174) Das Ziel ist damit klar formuliert: Der Wohlstand der Menschen soll so gesteigert werden, dass zugleich eine rücksichtslose Ausbeutung der natürlichen Ressourcen zuungunsten der nachfolgenden Generationen vermieden wird. Mit welchem Instrument kann das aber wirkungsvoll geschehen?

Die katholische Soziallehre bekennt sich eindeutig zum Prinzip der Marktwirtschaft und des Wettbewerbs, wohlgemerkt: als Instrument zur möglichst gerechten Verteilung der Güter, nicht als Selbstzweck! Das »Kompendium der Soziallehre der Kirche« notiert: »Der freie Markt ist eine in sozialer Hinsicht wichtige Institution, weil er effiziente Ergebnisse in der Produktion der Güter und Dienstleistungen sichern kann. Historisch gesehen hat der Markt bewiesen, dass er die wirtschaftliche Entwicklung langfristig in Gang setzen und aufrechterhalten kann. Es gibt gute Gründe, davon auszugehen, dass in vielen Situationen der freie Markt das wirksamste Instrument für die Anlage der Ressourcen und für die beste Befriedigung der Bedürfnisse zu sein scheint. Die Soziallehre der Kirche schätzt die sicheren Vorteile, die die Regelungen des freien Marktes im Hinblick auf eine bessere Nutzung der Ressourcen oder auch einen erleichterten Austausch der Produkte bieten; diese Mechanismen stellen den Willen und die Präferenzen des Menschen in den Mittelpunkt, die sich im Vertrag mit denen eines anderen Menschen treffen. Ein wirklich von Wettbewerb bestimmter Markt ist ein wirkungsvolles Mittel, um wichtige Ziele der Gerechtigkeit zu erreichen: die übermäßigen Gewinne einzelner Unternehmen einzudämmen; auf die Forderungen der Verbraucher zu reagieren; eine bessere und schonendere Nutzung der Ressourcen zu verwirklichen; unternehmerisches Engagement und innovatives Geschick zu belohnen; Informationen so in Umlauf zu bringen, dass die Produkte in einer Atmosphäre gesunden Wettbewerbs wirklich verglichen und erworben werden können.« (Nr. 347) Gerechtigkeit wird hier primär dem Instrument des Marktes anvertraut, oder anders: Vertraut wird auf die ausgleichende Wirkung des Wettbewerbs. Allerdings wird hier nicht thematisiert, dass Wettbewerb und Markt gleichsam betriebsblind für geringer qualifizierte Menschen und für quasi öffentliche Ressourcen sind: Es braucht daher eine geförderte Chancengerechtigkeit, und es braucht auch einen staatlichen Schutz der Umweltressourcen, die sonst einer rückhaltlosen Ausbeutung unterliegen.

Mit Blick auf eine globale Weltwirtschaft und einen globalisierten Wettbewerb heißt das dann aber auch: Den von Armut und Unterentwicklung gezeichneten Ländern muss ein gerechter Zugang zum internationalen Markt verschafft werden. Schon Johannes Paul II. mahnte in seiner Enzyklika »Centesimus annus« im Jahre 1991 (zum hundertjährigen Jubiläum der ersten Sozialenzyklika »Rerum novarum« Leo XIII.): »Das größte Problem scheint also darin zu bestehen, einen gerechten Zugang zum internationalen Markt zu erhalten, der nicht auf dem einseitigen Prinzip der Ausbeutung der natürlichen Ressourcen, sondern auf der Erschließung menschlicher Ressourcen beruht.« (Nr. 33)

Nur über eine intensive Bildungspolitik wird es den unterentwickelten Ländern gelingen, mehr zu sein, als bloß billiger Rohstofflieferant und Ressourcenschatz der entwickelten Länder. Daher ist die Pflicht zu umfassender Solidarität und sozialer Gerechtigkeit der Logik des Marktes übergeordnet: Der Markt ist immer nur ein Instrument, um eine gerechte Verteilung der Ressourcen zu ermöglichen. Entscheidend ist, nach welchen Kriterien und von wem dieses Instrument eingesetzt wird, um allen Menschen gerechten Zugang zu den Gütern dieser Welt zu ermöglichen. Dies ist der kritische Punkt der Globalisierung: Es braucht auch international gerechte und nachprüfbare Regeln und Gesetze, um allen Marktteilnehmern einen gerechten Zugang zum Markt zu gewährleisten.

Ein letzter Punkt betrifft die Umwelt. Dazu bemerkt das »Kompendium der Soziallehre der Kirche« lapidar: »Die Umwelt als ›Ressource‹ läuft Gefahr, die Umwelt als ›Wohnstätte‹ zu bedrohen.« (Nr. 461) Wenn also eine gerechte Verteilung der Ressourcen angestrebt werden soll, dann auch in Gerechtigkeit gegenüber den nachfolgenden Generationen. Denn die Umwelt ist eine empfindsame Ressource, die nicht allein durch Wettbewerb und freien Markt geschützt und nachhaltig genutzt wird.

20. Umweltschutz und Klimawandel

»Menschen in aller Welt, wir müssen die Klimakrise lösen. Es ist keine politische Frage, es ist eine moralische Frage.« Der eindringliche Appell des ehemaligen amerikanischen Vizepräsidenten und Friedensnobelpreisträgers Al Gore macht die Bekämpfung des globalen Klimawandels als eine der zentralen Herausforderungen des 21. Jahrhunderts deutlich. Zahlreiche Berichte und Studien beschreiben die Auswirkungen der Erderwärmung, ebenso zahlreiche politische Beschlüsse und Zielvorgaben auf nationaler und internationaler Ebene begreifen die Umweltpolitik als globale Herausforderung und setzen auf Maßnahmen zum Klimaschutz. Die Ziele der internationalen Klimapolitik, an deren erster Stelle die Begrenzung der globalen Erwärmung um etwa zwei Grad Celsius in den kommenden Jahrzehnten steht, sind nach Einschätzung des Weltklimarats IPCC (Intergovernmental Panel on Climate Change, zu Deutsch: Zwischenstaatliche Sachverständigengruppe über Klimaänderungen) mit den heute schon verfügbaren Techniken und zu vergleichsweise moderaten Kosten erreichbar. Entscheidend bleibt die rasche und konsequente Umsetzung vereinbarter Klimaschutz-Maßnahmen.

Der Weltklimabericht 2007 präsentiert mehrere Szenarien: Im besten Fall ist bis 2100 mit einer Erwärmung von 1,1 bis 2,9 Grad Celsius zu rechnen, im schlimmsten Fall mit 2,4 bis 6,4 Grad. Am wahrscheinlichsten ist ein Anstieg von 1,7 bis 4 Grad. Experten gehen davon aus, dass eine Erwärmung von weniger als zwei Grad zwar zu einer deutlichen Zunahme von extremen Wetterphänomenen führen, insgesamt aber noch beherrschbar sein wird. Bei einer Erwärmung von deutlich mehr als zwei Grad werden katastrophale Folgen befürchtet. Nach dem Weltklimabericht steigt der Meeresspiegel im besten Szenario um 19 bis 37 Zentimeter, im schlimmsten Fall um 26 bis 59 Zentimeter. Die Uno-Sachverständigen schildern die Konsequenzen einer wärmer werdenden Welt: Bis zu 30 Prozent aller Tier- und Pflanzenarten sind vom Aussterben bedroht, Korallenriffe werden stark reduziert, Salzmarschen und Mangroven-Wälder können bei steigenden Meerespegeln versinken und der tropische Regenwald wird dort, wo der Bodenwassergehalt stark zurückgeht, durch Savanne ersetzt. Viele Tier- und Pflanzenarten werden ihre Lebensräume in weiter nördlich gelegene Breiten verlagern. Sollte es nicht gelingen, die Treibhaus-Emissionen weltweit zu begrenzen, können im Alpenraum bis zum Jahr 2080 fast zwei Drittel aller Spezies aussterben.

Nach Ansicht des IPCC werden vier Regionen dieser Welt besonders zu leiden haben: die Arktis durch die Erwärmung, die kleinen Inselstaaten Ozeaniens durch den Meeresspiegelanstieg, Afrika südlich der Sahel-Zone durch Dürren und die dicht bevölkerten Flussmündungen Asiens. Damit wird der ärmere Teil der Menschheit vom Klimawandel deutlich härter getroffen als die reicheren Gesellschaften. Allein in Afrika werden 2020 bis zu 250 Millionen Menschen zusätzlich unter Wassermangel leiden. Die Trinkwasservorräte werden aber auch in anderen Teilen der Erde zur Neige gehen, entweder weil die Eismassen abtauchen und das dort gespeicherte Süßwasser verloren geht, oder weil die Trockenzonen der Erde sich ausdehnen. Mehr als ein Sechstel der Weltbevölkerung lebt in Regionen, wo Gletscher und Schnee wichtige Wasserspeicher darstellen, die aber mit hoher Wahrscheinlichkeit weiter schwinden. Selbst wenn heute alle Ursachen, die zu einer Erderwärmung beitragen, sofort gestoppt würden, stiege die Temperatur noch um weitere 0,6 Grad Celsius an, da das Klimasystem schon im Wandel begriffen ist. Auch der Meeresspiegel würde dann noch über viele Jahrhunderte steigen.

Trotzdem bleibt etwas Zeit, um Maßnahmen zu ergreifen, damit von 2015 an der Ausstoß von Treibhausgasen tatsächlich sinkt. Je eher Maßnahmen gegen den Klimawandel ergriffen werden, um so weniger kostet er die Weltwirtschaft. Die IPCC-Experten beziffern die jährlichen Kosten für den Klimaschutz auf 0,12 Prozent der weltweiten Wirtschaftsleistung. Damit könnte es gelingen, bis 2050 oder 2060 den

Anstieg der globalen Durchschnittstemperatur auf zwei Grad Celsius zu begrenzen. Um dieses Ziel zu erreichen, muss der Ausstoß von Kohlendioxid (CO_2) und anderen Treibhausgasemissionen bis 2050 um bis zu 85 Prozent reduziert werden – verglichen mit den Werten des Jahres 2000.

Die Anstrengungen, die Klimaschutzpläne umzusetzen, laufen auf Hochtouren. So wird der internationale Ausstieg aus der Produktion und der Verwendung des für die Ozonschicht hochgefährlichen Kühlmittels HFCKW um ein Jahrzehnt vorgezogen. In den Industriestaaten sollen vom Jahr 2020 an keine teilhalogenierten Fluorkohlenwasserstoffe (HFCKW) mehr eingesetzt werden, in den Entwicklungsländern vom Jahr 2030 an. So lautet ein Beschluss der Klimaschutzkonferenz im kanadischen Montreal vom September 2007. HFCKW werden unter anderem als Kältemittel in Klimaanlagen verwendet und gelten als bis zu zweitausend Mal gefährlicher als die gleiche Menge Kohlendioxyd. Bei einem besseren Schutz der Ozonschicht ist nach Einschätzung von Fachleuten zu erwarten, dass die Erwärmung der Erdatmosphäre abgebremst werden kann.

Die Bundesregierung will beim Klimaschutz Vorreiter sein und setzt mit immer neuen Programmen auf »saubere Energie«. Der Anteil der erneuerbaren Energien an der Stromerzeugung wird weitaus stärker steigen als lange Zeit veranschlagt. Ursprünglich war geplant, bis 2020 jede fünfte Kilowattstunde Strom mithilfe von Wind, Wasser und Sonne zu produzieren. Nun wird dieser Anteil auf 30 Prozent ausgebaut. Darüber hinaus steigt der Stromanteil aus der Kraft-Wärme-Koppelung bis 2020 um 25 Prozent. Gefördert werden sollen Kraftwerke, die neben Strom auch Wärme produzieren. Erste Gesetze regeln strengere Energie-Standards für neue Häuser. Sie sollen einen Teil ihrer Wärme aus erneuerbaren Quellen beziehen, das heißt durch Solarenergie, Erdwärme oder Holzpellet-Heizung. Strengere Regeln gelten für die Sanierung älterer Gebäude. Nicht zuletzt soll der CO_2-Ausstoß gegenüber 1990 um 40 Prozent verringert werden. Den Kostenrechnungen im Klimaschutzprogramm wird die Schaffung neuer Arbeitsplätze gegenüber gestellt. So kann durch den Ausbau der erneuerbaren Energien die Zahl der Arbeitsplätze in dieser Industrie verdoppelt werden. Derzeit bestehen 230.000 (Stand 2008) in diesem Bereich. Deutsche Umwelttechnologie soll nach Vorstellungen der Bundesregierung zum »Exportschlager« werden.

Kritiker werfen ein, dass die hohen Ziele wie Klimaschutz und Energieeffizienz unerreichbar und unbezahlbar bleiben. In den Debatten plädieren sie für den weiteren Einsatz von Atomenergie, ohne den das Ziel der 40-Prozent-Reduktion beim CO_2-Ausstoß nicht zu erreichen sei. Ohne Atomstrom, so der Einwand, seien mehr Kraftwerke für fossile Brennstoffe nötig. Diese bedeuteten wiederum einen höheren CO_2-Ausstoß. Einige Wissenschaftler kommen zu dem Ergebnis, dass sich mit einer verlängerten Laufzeit der vorhandenen Atomkraftwerke um 20 Jahre die CO_2-Emissionen bis 2020 um 45 Prozent senken ließen. Zudem lieferten Kernkraftwerke den günstigeren Strom und seien ökonomisch sinnvoller. Andere schätzen die Risiken der Kernenergie höher ein als den Nutzen. Die Endlagerung radioaktiver Stoffe bleibt ungeklärt. Preiswertes Uran für Leichtwasserreaktoren reicht beim heutigen Nutzungsstand für ungefähr 40 Jahre.

In den Diskussionen um den schonenden Umgang mit der Umwelt, um eine gerechtere Verteilung des Wohlstands in der Welt und um die humane Gestaltung der Lebensgrundlagen für alle Menschen wird oft der Begriff »Nachhaltigkeit« verwandt. Eine umfassende Definition von Nachhaltigkeit wurde erstmals von der so genannten Brundtland-Kommission erarbeitet, von der internationalen Rio-Konferenz aufgegriffen und seither in den weltweiten Vereinbarungen interpretiert: »Nachhaltige Entwicklung befriedigt die Bedürfnisse der heutigen Generationen, ohne die Fähigkeiten künftiger Generationen zu gefährden, ihre eigenen Bedürfnisse zu befriedigen und ihre eigenen Lebensstile zu wählen.«

Heute stellt sich die Frage, wie man weltweit das Wirtschaftswachstum von der Nachfrage nach fossilen Energien (Kohle, Mineralöl und Erdgas) entkoppeln kann.

Zur Umweltkrise gehören ferner die Zerstörung der Wälder, die Verschmutzung der Meere und die Gefährdung der Böden. Die Vernichtung der tropischen Wälder hat in den vergangenen Jahrzehnten stark zugenommen. Geht das so weiter, so die Berechnungen des Bundesumweltministeriums, schrumpft die Fläche bis 2050 von derzeit noch 17 Millionen Quadratkilometer auf sechs Millionen Quadratkilometer. Durch Umweltverschmutzung werden weltweit Böden geschädigt und für landwirtschaftliche Nutzung unbrauchbar gemacht. Ein Drittel der Böd[illegible] sind heute nur noch eingeschr[illegible] [illegible]weltministerium formuliert in [illegible] [illegible]antwortung für die Zukunft – [illegible] [illegible]rausforderung« die historische [illegible] [illegible]Dem Verlust an fruchtbaren Bö[illegible] [illegible]m der Weltbevölkerung mit [illegible] [illegible]Verbrauch von Rohstoffen geg[illegible] [illegible] sich gut zwei Milliarden Men[illegible] [illegible]en an Böden, Bodenschätzen, [illegible] [illegible]uft, Tier- und Pflanzenreichtu[illegible] [illegible] hat sich diese Zahl verdreifacht, und in weiteren 50 Jahren werden fast zehn Milliarden Menschen auf der Erde leben.«

Mit der Verschärfung der globalen Umweltkrisen stellt sich auch die Gerechtigkeitsfrage: Wie können die ökologisch relevanten Güter und Lasten, Freiheiten und Pflichten unter den Beteiligten verteilt werden? Welche Verantwortung trägt der Norden für die nachholende Entwicklung des Südens? Wie wird eine Klimapolitik die Entwicklungschancen der ärmeren Länder behindern? Wie lassen sich gleiche Chancen auf das Leben in einer natürlichen Umwelt und den Konsum von Ressourcen wie Rohstoffe und Energie herstellen? Welche Rechte und Mindeststandards für eine gesunde und ungefährliche Umwelt lassen sich überprüfbar durchsetzen? Wie lässt sich der Emissionshandel, einem marktwirtschaftlichem Instrument zur Aufteilung des CO_2-Ausstoßes, gerecht zwischen den Industrien und den Staaten aufteilen? Dürfen die privilegierten Industrieländer den mittellosen

Entwicklungsländern die Verschmutzungsrechte abkaufen? Gilt beim Klimawandel auch das Verursacherprinzip? Danach stünden die Verursacher in der Verantwortung, Entschädigung für die Kosten Unbeteiligter zu leisten.

Der Projektleiter am Wuppertaler Institut für Klima, Umwelt und Energie, Tilman Santarius, meint über die Verteilung der Emissionsrechte: »Eine arme Bäuerin in Bengalen, die durch den Reisanbau für ihren Lebensunterhalt Methanemissionen freisetzt, kann nicht in gleichem Maß für den vom Menschen verursachten Klimawandel zur Verantwortung gezogen werden wie ein reicher Sportwagenfahrer in Düsseldorf.«

Kommentar

Umweltschutz ist angesichts der rasanten technischen Entwicklung der Menschheit ein relativ neues Thema der Sozialethik, und auch die katholische Soziallehre beschäftigt sich erst seit einigen Jahren mit diesem Thema. Manchmal wird inzwischen zu den klassischen vier Sozialprinzipien Personalität, Subsidiarität, Solidarität und Gemeinwohl als fünftes Prinzip die »sustainibility«, die Nachhaltigkeit, hinzugezählt. Der Begriff stammt ursprünglich aus der Forstwirtschaft des späten 18. und frühen 19. Jahrhunderts und soll besagen: Wo ein Baum gefällt wird, muss ein neuer gepflanzt werden. Mit anderen Worten: Welt und Umwelt sind dem Menschen zur verantworteten Nutzung anvertraut, und die Generationengerechtigkeit verlangt, dass auch den nachfolgenden Generationen die Umwelt und ihre Ressourcen zur Nutzung übergeben werden. Aus christlicher Sicht wird die Umwelt immer als Schöpfung verstanden, als Gottes Werk, nicht einfach als unbelebte Natur, die der größtmöglichen Ausbeutung anheim gegeben ist. Dem entgegen steht eine rein mechanistische Sicht der Natur und ihrer Ressourcen. Das »Kompendium der Soziallehre der Kirche« formuliert sehr eindeutig:

»Die Natur erscheint als ein Werkzeug in den Händen des Menschen, eine Wirklichkeit, in die er insbesondere durch die Technologie beständig eingreifen muss. Ausgehend von der erwiesenermaßen irrigen Annahme, dass man über eine unbegrenzte Menge von Energie und Ressourcen verfügen könne, dass diese sofort erneuerbar und dass die negativen Auswirkungen der Manipulationen der natürlichen Ordnung problemlos zu beheben seien, hat sich eine eingeschränkte Sichtweise ausgebreitet, die die natürliche Welt durch eine mechanistische und die Entwicklung durch eine konsumistische Brille betrachtet; dem Tun und Haben wird der Vorrang vor dem Sein eingeräumt, und das hat schwere Formen menschlicher Entfremdung zur Folge.« (Nr. 462) In der Tat gibt es in der Postmoderne erstaunliche Schnittmengen der grundlegenden Überzeugung von ökologischer Bewegung und katholischer Soziallehre: Die Natur und ihre Ressourcen sind nicht einfach ein beliebiges Material der Technik, so wichtig diese auch sein mag, um menschliches Leben zu verbessern. Vielmehr muss jede Technik, nicht zuletzt die Biotechnologie und die Gentechnik, befragt werden, ob sie wirklich dem umfassenden Wohl des Menschen dient, und nicht nur der Mehrheit der Menschen, und nicht nur den jetzt und hier lebenden Menschen. Nicht zuletzt gilt dies für den gesamten Problembereich des Klimaschutzes: Die Welt soll bewahrt und schonend genutzt werden; nachfolgende Generationen haben ebenso das Recht zur Nutzung der natürlichen Ressourcen wie jetzt lebende Menschen.

Ein zweiter Gesichtspunkt kommt hinzu: Natur wird aus christlicher Sicht als Schöpfung verstanden, und damit als von Gott anvertraute Welt. Daher heißt es im »Kompendium der Soziallehre der Kirche: »Eine Sicht des Menschen und der Dinge ohne jeden Bezug zur Transzendenz hat dazu geführt, dass die Vorstellung von der Schöpfung abgelehnt und dem Menschen und der Natur eine vollkommen autonome Existenz zugeschrieben wird. Damit ist die Verbindung gerissen, die die Welt mit Gott vereint: Dieser Bruch hat letztlich auch den Menschen von der Erde entwurzelt und, um es noch deutlicher zu sagen, seine ganze Identität ärmer gemacht. Der Mensch fühlt sich der Umwelt gegenüber, in der er lebt, fremd.« (Nr. 464) Die Natur ist Geschenk Gottes, Gabe und Aufgabe, Gegenstand der Verantwortung. Nicht zuletzt die benediktinische und die franziskanische Spiritualität bezeugen in eindrücklicher Weise diesen Zusammenhang von Mensch und Schöpfung, von achtsamer Sorge für die Umwelt und fürsorglicher Achtung vor dem Menschen.

Diese Forderung eines achtsamen Schutzes der Umwelt gilt auch und gerade für die Wirtschaft. Noch einmal sei das »Kompendium der Soziallehre der Kirche« zitiert: »Eine Wirtschaft, die die Umwelt respektiert, wird nicht ausschließlich das Ziel der Gewinnmaximierung verfolgen, denn der Umweltschutz kann nicht nur auf der Grundlage einer finanziellen Kosten-Nutzen-Rechnung gewährleistet werden. Die Umwelt ist eines jener Güter, die die Mechanismen des Marktes nicht in der angemessenen Form schützen oder fördern können.« (Nr. 470) In der Tat kann von einer gewissen Blindheit des Marktes gesprochen werden, die berühmte »unsichtbare Hand« des Adam Smith richtet keineswegs alles zum Guten aus, es braucht immer eine gewisse staatliche Lenkung der Wettbewerbsordnung. Umwelt ist ein hohes Gut, das erst bewusst fehlt, wenn es unwiederbringlich verschwendet ist. Und es ist Aufgabe der Politik, auch als Sachwalterin der kommenden Generationen und der gesamten Menschheit aufzutreten und eine verantwortete Nutzung der Natur und einen dementsprechenden Schutz der Umwelt zu gewährleisten.

21. Internationale Schuldenkrise

Zahlreiche kirchliche Initiativen und Nichtregierungsorganisationen fordern seit vielen Jahren einen Schuldenerlass für die ärmsten Länder dieser Welt. Den hoch verschuldeten armen Ländern, den so genannten HIPCs (Highly Indebted Poor Countries), sollen Schulden erlassen werden, damit sie, anstatt Tilgungen und Zinsen zu zahlen, in soziale Reformen investieren sowie Schulen und Krankenhäuser bauen und betreiben können. Weltbank und Internationaler Währungsfonds (IWF) haben 1999 auf Initiative des Weltwirtschaftsgipfels in Köln und in der Folgezeit erweiterte Schuldenerlasse beschlossen. Mit angestoßen wurden diese Erlasse Ende der 1990er Jahre von 1700 Organisationen, die zum Teil kirchlich gebunden waren. Das Jahr 2000 sollte zu einer umfassenden Entschuldung führen. Ein Erlass- und Jubeljahr, angelehnt an die biblische Tradition, alle 50 Jahre die Schulden zu erlassen, Sklaven zu befreien und dem Schuldner mit einem Stück Land einen Neuanfang zu ermöglichen, sollte endlich auch für die ärmsten Länder einen weit reichenden Erlass im Jahr 2000 bringen.

Durch Schuldenerleichterungen für hoch verschuldete arme Länder (HIPC-Initiative) ermöglichen seitdem die Internationalen Finanzorganisationen wie der Internationale Währungsfonds, die Weltbank und die kontinentalen Entwicklungsbanken sowie die bilateral tätigen öffentlichen Gläubiger des »Pariser Clubs« neue Lösungsansätze für die Verschuldungsprobleme. Die Gesamthöhe des Schuldenerlasses beläuft sich auf eine Größenordnung von etwa 90 Milliarden US-Dollar und bildet damit etwa ein Drittel der Gesamtschulden der betreffenden Staaten. Zu den Ländern, deren Schulden erlassen wurden, gehören unter anderem Äthiopien, Benin, Bolivien, Burkina Faso, Ghana, Guyana, Honduras, Madagaskar, Mali, Mauretanien, Mosambik, Nicaragua, Niger, Ruanda, Sambia, Senegal, Tansania und Uganda. Mehrere Staaten der HIPC-Initiative durchlaufen ein besonderes Programm, das diese qualifiziert, eine Schuldenstreichung zu bekommen. Anderen Entwicklungsländern werden nach Vorgaben der Internationalen Finanzorganisationen Schuldenerlasse in Aussicht erstellt.

Die Gläubigerstaaten sind seit vielen Jahren bereit, die Schuldenlast auf ein tragfähiges Niveau zu senken. Als Indikator für Tragfähigkeit gilt vor allem das Verhältnis des

Schuldenstands zu den Exporterlösen, das heißt wie viel ein Land exportieren muss, um seine Schulden zu bedienen. Was aber als tragfähig gilt, ist umstritten. Die HIPC-Initiative zielt darauf, wirtschaftliche Strukturanpassungen, Armutsbekämpfung und eine bessere Regierungsführung (Good Governance) in den Schuldner-Ländern zu verzahnen. Good Governance bezeichnet eine an demokratischen Prinzipien und der Einhaltung der Menschenrechte orientierte Regierungsarbeit, die Bedingung für Entschuldung sein soll.

Der Schuldenerlass steht im Zusammenhang mit den Entwicklungszielen der Vereinten Nationen, die gemessen an 1990 bis zum Jahr 2015 eine Halbierung der weltweiten Armut vorsieht. Deshalb wird eine HIPC-Entschuldung davon abhängig gemacht, dass das Entwicklungsland seine Bereitschaft zu umfassenden Bemühungen in der Armutsbekämpfung entsprechend dokumentiert und über einen mehrjährigen Übergangszeitraum nachweist. Nach den Vereinbarungen sollen die aus dem Schuldendienst frei werdenden Mittel für die Umsetzung einer nationalen Armutsbekämpfungsstrategie eingesetzt werden. Zu den Strukturanpassungen gehören Maßnahmen, die die Haushalts- und Außenhandelsdefizite abbauen und die jeweilige Währung auf ihren Marktwert abwerten. Gefordert wird eine solide Haushaltspolitik, die ein hohes Maß an Preisstabilität ermöglicht. Sie soll die Anreize für lokale und ausländische Investitionen erhöhen und die Basis für ein nachhaltiges wirtschaftliches Wachstum schaffen.

Durch Liberalisierungs- und Deregulierungsmaßnahmen sollen sowohl für Importe als auch für Exporte marktkonforme Preise wiederhergestellt werden. Die geforderten Reformen zielen auf einen Rückzug des Staates und der zum Teil korrupten Bürokratie von wirtschaftlichen Aktivitäten sowie auf die Förderung des privaten Unternehmertums. Schuldenerleichterungen und Schuldenerlässe wollen so einen Beitrag zur finanziellen Stabilisierung leisten, den wirtschaftlichen Reformprozess unterstützen und die freigesetzten Mittel für die Armutsbekämpfung eingesetzt sehen. Bilaterale

Umschuldungsabkommen wie zwischen Deutschland und den Entwicklungsländern sehen ähnliche Bedingungen vor.

Über den Schuldenerlass entzünden sich Kontroversen. Kritiker behaupten, Schuldenerlasse belohnten Bestechung, Günstlingswirtschaft und militärische Aufrüstung in den Entwicklungsländern. Hingewiesen wird darauf, dass immer wieder auch Länder profitieren, in denen von einer »Good Governance« keine Rede sein kann, Menschenrechte missachtet werden und Misswirtschaft zum Alltag gehört. Die Entschuldungsaktion weise Kontrollmängel auf. Einige Länder haben nach dem Schuldenerlass gleich wieder neue Kredite aufgenommen, sodass ihre Schuldenlast erneut alte Höhen erreicht hat. Der Schuldenerlass belohne eine »schlechte« Regierungsführung. Eine Entschuldung, die auch Handelsschulden einschließt, sende ein falsches Signal an private Investoren aus, die noch zögerlicher werden, in den Entwicklungsländern zu investieren, wenn der Schuldendienst nicht geleistet und dies dabei noch international sanktioniert wird. Andere Befürchtungen lauten, dass die Ersparnisse, die durch Entschuldung erreicht werden, nicht der armen Bevölkerung zugute kommen. Gefordert werden ein Ende der Kreditvergabe und das Erteilen von Zuschüssen für soziale und ökologische Projekte. Argumentiert wird auch, dass die Entwicklungsländer wieder neue Kredite auf den internationalen Kapitalmärkten aufnehmen werden, weil sie davon ausgehen, dass ihnen die Schulden erneut erlassen werden. Andere kritisieren das Aufwiegen von Schuldenerlassen mit der klassischen Entwicklungshilfe der Industriestaaten. Die Umwidmung von Mitteln aus dem Europäischen Entwicklungsfonds bis zu einer Höhe von einer Milliarde Euro zeigt, wie gering in den Geberländern die Bereitschaft ist, Schuldenerleichterungen zusätzlich zur bisherigen Entwicklungshilfe zu gewähren. In einigen westeuropäischen Ländern sanken die Haushaltsansätze für die Entwicklungszusammenarbeit.

Kritik an den Ursachen der Verschuldung der Entwicklungsländer kommt aber vor allem von Nichtregierungsorganisationen und kirchlichen Gruppen. Sie stellen sich die Fragen: Wie kann und muss sich ein Gläubiger ethisch vertretbar verhalten angesichts einer offensichtlichen Notlage des Schuldners? Wie kann er selbst verhindern, dass der Schuldner in eine solche Notlage kommt? Wie lassen sich faire Handelsbedingungen herstellen, die erst die wirtschaftliche Stabilität eines Entwicklungslandes ermöglichen? Viele sehen in der Vergabe der Kredite in den 1970er und 1980er Jahren die Ursache für die Schuldenfalle. Anders als erhofft führten die Investitionen nicht zu einem Anwachsen der Exporteinnahmen in den Entwicklungsländern, die eine hohe Rohstoffproduktion aufweisen. Vielmehr führte der zunehmende internationale Wettbewerb unter den rohstoffexportierenden Ländern zu dieser Zeit zu einem Verfall der Weltmarktpreise. Zeitgleich mussten für die aufgenommenen Kredite in Folge von Ölkrisen hohe Zinszahlungen aufgewendet werden.

Ein weiterer Grund für die hohe Verschuldung der Entwicklungsländer wird in der Ausstellung der Kredite in einer anderen Währung, zumeist in US-Dollar, gesehen. Im Zeitraum von 1980 bis 2000 fielen die Preise bei agrarischen Rohstoffen um 55 Prozent, bei metallischen und mineralischen Rohstoffen um 37 Prozent. Erst in letzter Zeit stiegen aufgrund der weltweiten Nachfrage die Preise vieler Rohstoffe. Anti-Verschuldungs-Gruppen und Globalisierungskritiker fordern den vollständigen und bedingungslosen Schuldenerlass. Unter dem Motto »Schulden wir nicht! Bezahlen wir nicht!« bewerten sie Rückzahlungen als »unmoralisch«, weil die Geberländer durch »falsche und egoistische« Kreditvergabe soziale Armut und ökologische Schäden verursacht und wissentlich diktatorische Regierungen unterstützt hätten.

Über die Verschuldung der ärmsten Länder, die marktwirtschaftlichen Prinzipien, die Abhängigkeit von Preisen und die Zerstörung natürlicher Ressourcen schreibt Philipp Hersel von der globalisierungskritischen Initiative Attac: »Wenn Schuldnerländer in großem Stil Regenwald roden, um Holz zu exportieren oder Flächen für Kaffeeplantagen zu schaffen, damit dieser ebenso exportiert werden kann, so bedeutet dies automatisch ein steigendes Angebot von Holz und Kaffee auf dem Weltmarkt und damit niedrigere Preise. Da die Schuldnerländer zur Bedienung der Schulden verpflichtet sind, können sie ihre Produktionsmenge an Holz und Kaffee nicht beliebig an die Marktpreisentwicklung anpassen (im Sinn der ökonomischen Theorie vom »Preisnehmer und Mengenanpasser«). Hier gibt es also eine empfindliche Störung des in der Theorie postulierten Gleichgewichts auf dem Holz- und Kaffeemarkt. Die Störung ist umso gravierender, je stärker der Schuldendruck zur Steigerung der Exporterlöse nicht nur ein einzelnes Land, sondern eine Gruppe von Ländern trifft, die ähnliche Exportprodukte anbieten.« In einigen Fällen gab es einen ruinösen Konkurrenzkampf zwischen den Schuldnerländern. Die Schuldner weiteten die Rohstoffexporte aus, dieser Effekt wurde durch den Preisverfall wieder aufgezehrt. In der Verschuldungsproblematik fordern daher soziale und kirchliche Initiativen eine Neuordnung der Gläubiger-Schuldner-Beziehungen.

Kommentar

Im Jahr 2000, im Heiligen Jahr, das nach dem Vorbild des altisraelitischen Jubeljahrs der Befreiung von Fron und Schulden im Jahr 1300 von Papst Bonifaz VIII. zum ersten Mal gefeiert wurde, machte der Vatikan den Vorschlag, aus Anlass dieses Heiligen Jahres den ärmsten Ländern der Welt einen allgemeinen Schuldenerlass anzubieten. Viele Länder hatten sich damals angeschlossen, auch manche reiche Industrienationen sind so verfahren und haben seitdem öfter Schulden erlassen, auch wenn es durchaus kritische Einwände gab und nach wie vor gibt. Skeptisch wird nämlich angefragt: Wird nicht durch einen generellen Erlass der Schulden der Leichtsinn der politischen Machthaber und ihre bedenkenlose Schuldenpolitik verstärkt? Wird nicht das Wirtschaften von Diktatoren in die eigene Tasche wider Willen gefördert? Wird nicht Korruption und damit eine Zweckentfremdung der erhaltenen Kredite begünstigt? Verstößt, mit anderen Worten, ein solcher Schuldenerlass nicht gegen den Grundsatz der Gerechtigkeit? Ist er nicht letztlich ein Systemfehler innerhalb einer auf Wettbewerb und belebende Konkurrenz aufgebauten Weltwirtschaft?

Ja gewiss, die Anfragen sind berechtigt, aber sie spiegeln nicht die gesamte Sicht des Problems wider. Denn die Ausgangsbedingungen für eine gerechte und gleiche Teilnahme aller Länder an der Weltwirtschaft sind nach wie vor höchst ungleich: Viele der ärmsten Länder wurden in der Kolonialzeit brutal ausgebeutet und fast als verbrannte Erde in die Unabhängigkeit gestoßen, wie etwa der Kongo, den der belgische König jahrzehntelang gleichsam als sein Privateigentum ansah. Die ärmsten Länder besitzen oft lediglich Rohstoffe und verfügen über keine leistungsfähige weiterverarbeitende Industrie. Diese Rohstoffe aber werden am Weltmarkt zum Teil schlecht bezahlt. Bildung und Infrastruktur sind – auch wegen der enormen Bevölkerungszuwächse – weit weniger entwickelt als in den reichen Industrienationen. Hinzu kommt ein anderer Gesichtspunkt, den der ehemalige Jesuitengeneral Peter Hans Kolvenbach vor einiger Zeit in einem Kommentar zum letzten Kapitel der Enzyklika »Deus caritas est« von Papst Benedikt XVI. dem Sinn nach so formulierte: Keinesfalls könne man sagen, der Staat sei ausschließlich für die Gerechtigkeit zuständig, die Barmherzigkeit aber sei gleichsam der moralische Tummelplatz der Kirche, die dann auszubügeln hat, was Systeme scheinbarer Gerechtigkeit an Leid und Unrecht hinterlassen. Nein, auch das »Kompendium der Soziallehre der Kirche« unterstreicht mit Blick auf das alttestamentliche Sabbatjahr in der Nr. 24: »Um die durch die sozioökonomische Entwicklung bedingten Diskriminierungen und Ungleichheiten auszumerzen, wird die Erinnerung an den Exodus und den Bund alle sieben Jahre in soziale und juridische Begriffe übersetzt und die Problematik des

Eigentums, der Schulden, der Leistungen und der Güter auf ihre ureigenste Bedeutung zurückgeführt.« Und weiter heißt es dann in der Nr. 25: »Die Vorschriften des Sabbat- und des Jubeljahres stellen eine Soziallehre ›in nuce‹ (im Kern) dar. Sie zeigen, dass die Prinzipien der Gerechtigkeit und der sozialen Solidarität von dem Ungeschuldetsein des von Gott herbeigeführten Heilsgeschehens inspiriert sind und nicht nur als Korrektiv einer von egoistischen Interessen und Zielen dominierten Praxis dienen…« Das ist ebenso starker wie guter Tobak: Das Ziel dieser Welt und jedes Menschen, auch der Wirtschaft und ihrer Ordnung, ist Liebe, ungeschuldete Annahme durch Gott. Gerechtigkeit ist immer nur ein Etappenziel auf dem Weg zu mehr menschlicher Liebe als Abbild der Liebe Gottes. Diese Gerechtigkeit muss demnach immer überprüft werden, ob sie als Statthalterin der Liebe taugt, und ob sie solche Liebe vorbereitet und ermöglicht. Ein gutes Beispiel für diese metaphysische Sicht auf die politische und wirtschaftliche Ordnung ist die Todesstrafe: War man vor hundert Jahren noch selbstverständlich der einhelligen Meinung, es sei für den Staat als Ganzheit durchaus gerecht, einen Schwerverbrecher zu töten, so haben wir heute diese Sicht der Gerechtigkeit verändert. Es widerspricht nämlich dem unbedingten Lebensrecht eines jeden Menschen und seiner stets menschenwürdigen Behandlung, im Namen des Volkes getötet zu werden.

Ein Schuldenerlass und Hilfen bei der Entschuldung eines Landes sind aus Sicht der katholischen Soziallehre inspiriert durch das Geschenk der zuvorkommenden und ungeschuldeten Liebe Gottes. Das soll auch in der internationalen Wirtschaftspolitik deutlich werden. Und das »Kompendium der Soziallehre der Kirche« präzisiert: »Das größte Leid, das sich auf strukturelle Probleme, aber auch auf Verhaltensweisen Einzelner zurückführen lässt, trifft die Bevölkerung der verschuldeten und armen Länder, die nicht dafür verantwortlich zu machen sind. Die internationale Gemeinschaft darf eine derartige Situation nicht ignorieren: Obwohl der Grundsatz, dass Schulden beglichen werden müssen, berechtigt ist, ist es notwendig, Wege zu finden, die das Grundrecht der Völker auf Erhaltung und Fortschritt nicht verletzen.« (Nr. 450)

Sinnvollerweise werden ein Erlass der Schulden und eine international beaufsichtigte Entschuldung von Staaten einhergehen müssen mit Auflagen für eine transparente Demokratisierung und der schrittweisen Einführung einer sozialen Marktwirtschaft, schließlich auch mit der Überprüfung gerechter Regeln im Welthandel. Solange reiche Industrienationen Schutzzölle zugunsten eigener Produkte und zu Lasten der ärmeren Länder verabreden, kann von Gerechtigkeit jedenfalls keine Rede sein und ist der Weg in die Schuldenfalle für Entwicklungsländer nicht weit.

Das Ziel von Wirtschaft und Politik ist aus Sicht der katholischen Soziallehre immer: Jeder Mensch hat das Recht auf ungeschuldete und bedingungslose Liebe. Daran, so fromm und bieder das auch klingen mag, ist alles zu messen!

22. Internationale Sicherheit und atomare Rüstung

»Frieden schaffen ohne Waffen« war das Motto der Friedensbewegung Anfang der 1980er Jahre, »Schwerter zu Pflugscharen« eine oft benutzte Redewendung aus der Bibel, die das Ziel der internationalen Abrüstung und den Völkerfrieden symbolisiert. Das Ende des Kalten Krieges 1989/1991 schien dem Rüstungswettlauf zwischen den Nato-Staaten und den Ländern des Warschauer Paktes ein Ende zu bereiten. Doch der Traum von der Abkehr des Kriegs als Mittel der Politik und militärischer Auseinandersetzungen währte nur kurze Zeit. In den 1990er Jahren brachten die kriegerischen Exzesse auf dem Balkan, im Kaukasus und in einigen afrikanischen und asiatischen Ländern sowie der erste Irak-Krieg neue Konflikte, die alle Hoffnungen auf eine friedliche Weltordnung zunichte machten. Nach den Terroranschlägen des 11. September 2001 trat die Bedrohung durch den internationalen Terrorismus schlagartig ins Zentrum des sicherheitspolitischen Denkens. Und seit einigen Jahren droht ein neues Wettrüsten. Die klassischen Atommächte USA, Russland, China, Großbritannien und Frankreich modernisieren ihre Arsenale, und neue Staaten wie Iran und Nordkorea streben nach Nuklearwaffen. Auf die Weltbühne der Nuklearmächte traten bereits Indien und Pakistan, auch Israel soll im Besitz von Atomwaffen sein. Fragen der internationalen Sicherheit rücken verstärkt in den Mittelpunkt. Dazu gehören die internationale Terrorismusbekämpfung, das atomare Wettrüsten und die Aufstellung neuer Raketenabwehrpläne, aber auch die Waffenexporte, der Handel mit Kleinwaffen, die Erhöhung der Verteidigungsetats, militärische Interventionen sowie Friedensmissionen der Vereinten Nationen und anderer Bündnisse.

Die Bekämpfung des internationalen Terrorismus hat neue Aufgaben mit sich gebracht. Sie verändert auch die Bemühungen um eine Abrüstungspolitik. Beruhte diese bisher auf Rüstungskontrolle und Vertrauensbildung zwischen den Staaten, so geht es heute auch darum, die Verbreitung von Waffen sowie nuklearen, biologischen und chemischen Kampfmitteln zu kontrollieren, damit sie nicht in die Hände von terroristischen Gruppen gelangen. Terrorismus stellt sich daher nicht nur als ein Problem der inneren Sicherheit dar, sondern weist eine außenpolitische Dimension auf. Wegen der Verbesserung der Kommunikationswege wächst auch die Gefahr der Globalisierung des Terrorismus. Das Auswärtige Amt der deutschen Bundesregierung formulierte als Richtschnur der nachrichtendienstlichen und polizeilichen Maßnahmen: »Als globales Problem bedarf der Terrorismus einer weltweiten Antwort.« Einige Sicherheitsexperten sprechen bereits vom Terrorismus als einer neuen Form des Krieges. Nach den Anschlägen auf das World Trade Center sprach die US-Regierung davon, dass sich das Land in einem Krieg befände.

Eine strategische Renaissance in den Planungsstäben der

Großmächte erleben die Nuklearwaffen. Rüstungsausgaben werden getätigt, um die bestehenden Arsenale auf den neuesten Stand der Technik zu bringen. Aber auch die Abschreckungsdoktrin hat sich geändert. Die Regierungen der USA, von Großbritannien und Frankreich erklärten, terroristische Angriffe möglicherweise nuklear zu vergelten. Die russische Regierung kündigte an, neue strategische Kernwaffen zu entwickeln. Auch China modernisiert und erweitert seine Nuklearstreitmacht. Dass Indien und Pakistan über Kernwaffen verfügen, macht die Brüchigkeit des Atomwaffensperrvertrags ebenso deutlich wie die Existenz des Händlerrings und Beschaffungsnetzwerkes von Abdul Q. Khans, der illegal Bestandteile nuklearer Programme vertrieben hat und möglicherweise noch weiter vertreibt.

Diese Entwicklung steht im Gegensatz zum Atomwaffensperrvertrag. Er wurde von den fünf »offiziellen« Atommächten USA, Russland, Frankreich, Großbritannien und China und mittlerweile 184 Staaten ohne Atomwaffen unterzeichnet. Der Vertrag beinhaltet das nukleare Abrüstungsversprechen der fünf Kernwaffenmächte und die Zusage der internationalen Kooperation bei der zivilen Nutzung der Kernenergie durch alle Vertragsparteien. Die Vertragstaaten verpflichten sich, »den weitestgehenden Austausch von Ausrüstungen, Material und wissenschaftlichen und technologischen Informationen zur friedlichen Nutzung der Kernenergie zu erleichtern«. Kritiker des Vertrags bemängeln die fehlende Umsetzung der Abrüstungsverpflichtung und die Festschreibung des Ungleichgewichts in den internationalen Beziehungen, weil es zwischen anerkannten Kernwaffenmächten einerseits und Nichtkernwaffenstaaten andererseits unterschied.

Die Staaten werfen sich gegenseitig Vertragsverstöße vor: Vor allem die USA pochen auf die Einhaltung der Nichtverbreitungsnorm, die Nichtkernwaffenstaaten fordern das nukleare Abrüstungsversprechen der Kernwaffenmächte ein. Neben den Vertragsverstößen von Nordkorea beschäftigt die internationale Gemeinschaft das iranische Nuklearprogramm. Nach iranischer Darstellung dient das Atomprogramm dazu, die Energieversorgung des Landes um die Kernenergie zu ergänzen. Die Technologie soll nur friedlich und nicht zur Produktion von Atomwaffen genutzt werden. Der Konflikt um das iranische Atomprogramm zeigt, dass es an effektiven Überprüfungsmaßnahmen illegaler Kernwaffenprogramme fehlt. Die Nuklearwaffenambitionen dieser Länder kann ein weiteres Wettrüsten in Gang setzen: Japan und Südkorea kündigten an, dass sie nicht tatenlos das Aufrüsten Nordkoreas hinnehmen werden. Auch das Weißbuch 2006, das Strategiepapier der Bundeswehr, hält fest: »Für die überschaubare Zukunft wird es für eine glaubhafte Abschreckungsfähigkeit des (Nato-)Bündnisses neben konventioneller weiterhin auch nuklearer Mittel bedürfen.« Angesichts der Krise in der nuklearen Nichtverbreitungspolitik gibt der Sicherheitsforscher Oliver Thränert vom Deutschen Institut für Internationale Politik und Sicherheit zu bedenken: »Auf jeden Fall ist das Funktionieren der nuklearen Abschreckung, wie wir sie aus dem Kalten Krieg kannten, kein immerwährendes Naturgesetz. Eher ist es wahrscheinlich, dass in einer Welt mit immer mehr Atommächten diese Waffen irgendwann eingesetzt werden.« Doch wie lässt sich die atomare Abrüstung wirksam durchsetzen?

Die Gefahr eines erneuten Wettrüstens sehen Sicherheitsexperten im Streit um ein neues amerikanisches Raketenabwehrsystem, das die USA vor iranischen Langstreckenraketen schützen soll. Entstehen sollen Raketenstandorte in Polen und Stützpunkte in Bulgarien, Tschechien und Rumänien. Die russische Regierung antwortete auf dieses Vorhaben mit eigenen Raketentests. Das deutsche Außenministerium hatte im Frühjahr 2007 Washington und Moskau daraufhin aufgerufen, nicht in das Denken des Kalten Krieges zurückzufallen. Die neuen Rüstungsrunden werden in den seit 2001 erhöhten Verteidigungsetats deutlich. Der Verteidigungsetats aller Staaten der Welt lag 2006 bei rund 1000 Milliarden Euro. Die genauen Angaben für das Militär werden aber von vielen Staaten, darunter China, nicht bekannt gegeben. Auch in Deutschland erhöhte sich, wenn auch gering, der Verteidigungsetat. Die steigenden Belastungen werden mit den Auslandseinsätzen und Friedensmissionen der Bundeswehr begründet.

Zu den ständigen Bedrohungen der internationalen Sicherheit zählen die unkontrollierten Rüstungsexporte oder Rüstungstransfers. Zu den führenden Großwaffenexporteuren gehören Russland und USA, mit Abstand folgen Frankreich, Deutschland, Großbritannien und China. Beobachter des Waffenmarktes kritisieren die fehlende Transparenz des globalen Waffenhandels. Die meisten Statistiken beziehen sich vorwiegend auf kontrollierte Großwaffen (Panzer, Flugzeuge, Schiffe). Der Umfang von Produktion und Handel mit Kleinwaffen bleibt weitgehend im Dunkeln. Dabei stellen Kleinwaffen, die an Bürgerkriegsparteien gehen, eine besondere Bedrohung dar. Schätzungen zufolge werden jährlich etwa eine halbe Million Menschen durch Kleinwaffen getötet. Die Zahl der Verwundeten liegt bei mehreren Hunderttausend. Sicherheitsexperten weisen darauf hin, dass unkontrollierte Kleinwaffenlieferungen zur Eskalation von Konflikten führen und Kriminalität fördern. Sie fordern eine wirksame Kontrolle des Handels mit konventionellen Rüstungsgütern.

Fragen der internationalen Sicherheit werden in Deutschland zunehmend unter den Gesichtspunkten der zivilen Krisenprävention, der Konfliktlösung und Friedenskonsolidierung diskutiert. Deutschland stellt seit 1994 seine Kapazitäten für Krisenprävention vorrangig für Maßnahmen im internationalen Verbund, zum Beispiel der Vereinten Nationen, der Europäischen Union oder der OSZE zur Verfügung. Seitdem sind mehrere Zehntausend deutscher Soldaten in viele Regionen der Welt gesandt worden. 2007 befanden sich 10000 deutsche Soldaten in Auslandseinsätzen. In Deutschland gilt, dass Militäreinsätze nur im Rahmen des Grundgesetzes und des Völkerrechts stattfinden dürfen. Doch wie erfolgreich sind diese Einsätze? Nach Einschätzung von Experten sollen Friedensmissionen so ausgestattet und so lange durchgehalten werden, bis die wirtschaftliche und gesellschaftliche Konsolidierung des Friedens erreicht ist. In friedensethischer Hinsicht kommt der Frage, ob, wann und in welcher Weise Einmischungen beziehungsweise Interventionen ein geeignetes Mittel zum Schutz der Menschenrechte und zur Förderung eines global verstandenen Gemeinwohls sein können, eine hohe Bedeutung zu. Kritiker militärischer Interventionen behaupten, dass viele Situationen, in denen Gewaltanwendung als ultima ratio erscheint, wahrscheinlich vermieden werden könnten, wenn zuvor alle verfügbaren nichtmilitärischen Mittel der Einflussnahme auf krisenhafte Entwicklungen konsequent eingesetzt würden. Doch wie kann das internationale Recht so weiterentwickelt werden, dass Rüstung gestoppt und Krisen rechtzeitig ohne militärische Einsätze bewältigt werden können? Wie lässt sich der Leitsatz »Wer den Frieden will, muss den Frieden vorbereiten« umsetzen?

Kommentar

Globalisierung ist nicht nur ein Phänomen der heutigen wirtschaftlichen Entwicklung, sie gilt auch unter rein politischen Gesichtspunkten: Staaten und ganze Kontinente wachsen immer mehr zusammen. Das gilt im Guten wie im Bösen. Früher weit entfernte Konflikte und Kriegsherde rücken immer näher und erinnern daran, dass die ganze Menschheit in einem Boot sitzt, dass es ein Weltgemeinwohl gibt, dass Kriege und Konflikte jeden Menschen betreffen.

Das gilt um so mehr im Zeitalter der Atomwaffen und der atomaren Rüstung. Begrenzte, klinisch rein zu haltende Konflikte werden immer seltener. Die Auseinandersetzung um das Atomforschungsprogramm und mögliche Atomwaffen des Iran zeigen deutlich die hochexplosive Brisanz des Problems: Waffen bedrohen längst nicht mehr nur einzelne Länder, sondern inzwischen die ganze Welt. Die katholische

Soziallehre hat daher inzwischen dazugelernt und umgedacht: Ein so genannter »gerechter Krieg«, von dem vor Jahrzehnten noch in relativer Unschuld gesprochen werden konnte, ist heute ernsthaft keine Option mehr, da ein Funke genügen kann, um ein globales Pulverfass in die Luft zu jagen. Allenfalls darf ein Staat seine wehrlosen Bürger gegen Bedrohungen schützen. Wie weit aber darf eine solche »Vorwärtsverteidigung« gehen? Mit anderen, schärferen Worten: Wenn Deutschland wirklich am Hindukusch verteidigt wird, wird dann nicht vielleicht auch Amerika am Euphrat verteidigt?

In jedem Fall unterliegt die Wahl der Waffen strengen Auflagen. Das »Kompendium der Soziallehre der Kirche« formuliert daher in der Nr. 500 vorsichtig: »Ein Angriffskrieg ist in sich unmoralisch. In dem tragischen Fall seines Ausbruchs haben die Verantwortlichen des angegriffenen Staates das Recht und die Pflicht, die Verteidigung auch mit Waffengewalt zu organisieren. Die Anwendung von Gewalt ist nur dann zulässig, wenn einige strenge Bedingungen erfüllt sind: Der Schaden, der der Nation oder der Völkergemeinschaft durch den Angreifer zugefügt wird, muss sicher feststehen, schwerwiegend und von Dauer sein. Alle anderen Mittel, dem Schaden ein Ende zu machen, müssen sich als undurchführbar oder wirkungslos erwiesen haben. Es muss ernsthafte Aussicht auf Erfolg bestehen. Der Gebrauch von Waffen darf nicht Schäden und Wirren mit sich bringen, die schlimmer sind als das zu beseitigende Übel. Beim Urteil darüber, ob diese Bedingung erfüllt ist, ist sorgfältig auf die gewaltige Zerstörungskraft der modernen Waffen zu achten.« Besonders die letzte Bemerkung zielt wohl auf Atomwaffen. Bei ihnen kann in der Tat davon ausgegangen werden, dass die Folgeschäden und die bleibenden Zerstörungen immer größer sind als das Übel, das sie beseitigen sollen.

Diese Ablehnung der nuklearen Bewaffnung betrifft aber nicht nur den möglichen Einsatz solcher Waffen, sondern auch schon eine vorausgehende Politik atomarer Abschreckung. Daher unterstreicht das »Kompendium der Soziallehre der Kirche« unmissverständlich: »Die Anhäufung von Waffen erscheint vielen als ein paradoxerweise geeignetes Vorgehen, mögliche Gegner vom Krieg abzuhalten. Sie sehen darin das wirksame Mittel, um den Frieden zwischen den Nationen zu sichern. Gegenüber einer solchen Abschreckung sind schwere moralische Vorbehalte anzubringen. Der Rüstungswettlauf sichert den Frieden nicht. Statt die Kriegsursachen zu beseitigen, droht er diese zu verschlimmern. Die Politik der nuklearen Abschreckung, von der die Zeit des so genannten Kalten Krieges gekennzeichnet war, muss von konkreten Abrüstungsmaßnahmen auf der Grundlage des Dialoges und multilateraler Verhandlungen abgelöst werden.« (Nr. 508)

Der scheinbar »gerechte Krieg« war ohnehin immer nur eine »ultima ratio«, ein letzter Ausweg aus einer nicht enden wollenden Spirale von Gewalt und Gegengewalt. Im Zeitalter der Atomwaffen ist er faktisch vollends unmöglich geworden. Dies gilt aber auch bereits für Androhung und Abschreckung. Jeder ernsthafte Gedanke an einen Einsatz von Atomwaffen verbietet sich mit Blick auf die Folgen von selbst. Denn diese Folgen führten zur selbst gemachten Abschaffung der Menschheit. Da hilft auch kein Hinweis auf die Gerechtigkeit, die es zu erzwingen gälte. Kaiser Maximilian I. (gestorben 1519) hatte als Wahlspruch die hehre Maxime: »Fiat iustitia et pereat mundus – Es geschehe Gerechtigkeit, auch wenn die Welt darüber zugrunde gehe!« Vielleicht war der Mensch dieser schaurigen Möglichkeit nie näher als heute. Und vielleicht sehen wir daher um so deutlicher, dass der Weg zu mehr Gerechtigkeit bis zum Morgenlicht des Jüngsten Tages nicht über Gewalt, sondern nur über geduldige und oft auch enttäuschende Verhandlungen führen kann.

Ausblick

Das im Jahr 2004 erschienene »Kompendium der Soziallehre der Kirche«, herausgegeben vom Päpstlichen Rat »Justitia et Pax«, bietet einen hervorragenden und ausführlichen Überblick über den aktuellen Stand der katholischen Soziallehre. Das Werk ist gewichtig und führt zu nahezu allen Themen der Sozialethik die entsprechenden Dokumente des kirchlichen Lehramts seit der Geburt der katholischen Soziallehre mit der Enzyklika »Rerum novarum« von Papst Leo XIII. im Jahr 1891 an. Inzwischen liegt das Kompendium in allen geläufigen Sprachen der Welt vor und bietet so erstmals auch die Möglichkeit zu einer internationalen Verständigung über die wesentlichen Inhalte und Aussagen der katholischen Soziallehre. Dies erscheint zumal in einer Zeit der globalisierten Wirtschaft und einer entsprechend global agierenden Ethik wichtiger denn je.

Die katholische Soziallehre bezieht sich niemals nur auf ausgewählte Regionen oder gar nur auf gerechte Zustände innerhalb einzelner nationaler Staaten, sondern hat das Recht und die Würde eines jeden Menschen in jedem Teil dieser Welt im Blick, und dies zu allen Zeiten und auch für die nachfolgenden Generationen. Jeder Mensch ist Person, und das heißt theologisch: unantastbares Ebenbild Gottes!

Johannes Bernard hatte dankenswerterweise die Idee, zunächst für die Bistumszeitung Münster »Kirche+Leben« und sodann in dieser Buchform, die zentralen Themen der katholischen Soziallehre in handlicher und leicht fassbarer Form zu erläutern und jeweils mit einem Kommentar zu versehen, der sich an den entsprechenden Aussagen des Kompendiums orientiert. Vielleicht gelingt so ein müheloser Zugang zu den Problemfeldern und Hauptaussagen einer aktualisierten katholischen Soziallehre, in deren Herzmitte das eindrucksvolle Wort des heiligen Irenäus von Lyon zu finden ist: »Die Ehre Gottes ist der lebendige Mensch!«

Peter Schallenberg
Fulda, am Fest des Hl. Bonifatius 2008

Literaturhinweise

Kompendium der Soziallehre der Kirche, herausgegeben vom Päpstlichen Rat für Gerechtigkeit und Frieden, Freiburg/Br. 2006.

Vom Sekretariat der Deutschen Bischofskonferenz herausgegebene Druckschriften:

Demokratie braucht Tugenden. Gemeinsames Wort des Rates der Evangelischen Kirche in Deutschland und der Deutschen Bischofskonferenz zur Zukunft unseres demokratischen Gemeinwesens (2006).

Kommission für gesellschaftliche und soziale Fragen/Kommission Weltkirche der Deutschen Bischofskonferenz: Der Klimawandel: Brennpunkt globaler, intergenerationeller und ökologischer Gerechtigkeit (2006).

Kommission für gesellschaftliche und soziale Fragen der Deutschen Bischofskonferenz: Das Soziale neu denken – Für eine langfristig angelegte Reformpolitik (2003).

Autoren

Johannes Bernard, geb. 1962 in Quakenbrück, Historiker und Theologe, ist seit 1996 Redakteur der Bistumszeitung Münster Kirche+Leben. Er ist Autor zahlreicher Artikel zu kirchenpolitischen Themen.

Peter Schallenberg, geb. 1963 in Oberhausen, Priester des Erzbistums Paderborn, leitete mehrere Jahre das Sozialinstitut Kommende in Dortmund. Seit 2004 ist er Professor für Moraltheologie und Christliche Sozialwissenschaften an der Theologischen Fakultät Fulda. Er ist Verfasser zahlreicher Veröffentlichungen zu Themen der Christlichen Sozialethik.